栽一株生命之樹

瞿秀蘭 著

文 學 叢 刊

文史哲出版社印行

國家圖書館出版品預行編目資料

栽一株生命之樹 / 瞿秀蘭著 -- 初版 -- 臺北
市：文史哲,民 100.06
　　頁；　公分（文學叢刊；252）
　　ISBN 978-957-549-971-6（平裝）

855　　　　　　　　　　　　100011421

文 學 叢 刊 ₂₅₂

栽一株生命之樹

著　　　者：瞿　　秀　　蘭
出 版 者：文 史 哲 出 版 社
　　　　　http://www.lapen.com.tw
　　　　　e-mail：lapen@ms74.hinet.net
登記證字號：行政院新聞局版臺業字五三三七號
發 行 人：彭　　正　　雄
發 行 所：文 史 哲 出 版 社
印 刷 者：文 史 哲 出 版 社
　　　　　臺北市羅斯福路一段七十二巷四號
　　　　　郵政劃撥帳號：一六一八○一七五
　　　　　電話886-2-23511028 · 傳真886-2-23965656

定價新臺幣三六〇元

中華民國一百年（2011）六月初版

ISBN 978-957-549-971-6　　　08252

栽一株生命之樹

目　次

致　　謝

　　在編輯完成的此刻，我要深深的感謝文史哲出版社彭正雄先生和女兒彭雅雲小姐，無限感佩彭先生「只問價值，不問銷量」的出版精神。

　　在整理的過程中，我亦但問自己寫作的初衷、但看自己投注的心血、但思自己是否「不負生命」！

　　彭先生父女，是「當代奇父女」，他們埋首鬧市一隅，守護滿室曖曖含光的「文史哲」。父親有當仁不讓的文化使命感，女兒則流露性情天成的賢淑氣韻。

　　每至社中，環顧不容旋身的空間，再看父女堅定如恆的神情，竟每令我想到「磅礴」二字！

　　謙懷、踏實、數十年的堅持，是怎樣的「氣勢」！

　　同時要感謝我女我子，他們一口答應為母親作序，我未易一字；不論他們從甚麼角度寫或如何表述，我都視為兒女給我的「無上珍貴的禮物」。

　　特別要向吳勇印先生致謝，吳先生有深厚的藝術涵養，同時熱愛自然，台灣各地高山，都有他的足跡，每讀其旅記，都感受馥郁的人文情懷。這本書的封面、封底，都是吳先生的作品，為本書增妍，不勝感激。

　　自然也珍惜上官潞潞小姐的厚誼。上官小姐聰慧獨立，是時代女性；勤習古典詩詞，尤饒文學氣息。我得到她的協助，使本

書順利編輯，感謝豈在言中。

再謝讀者諸君，書海茫茫，若得相遇，復得相契，快慰若何！

　　　　　※　　　　　　　　※　　　　　　　　※

在編輯的過程中，最難決定的，是本書書名。我原來的題綱中，有「心靈漫步」「生命之旅」「生活剪影」…等標題，都被我一一改易。

我嘗以「由此山到彼山」以喻人生的提升與翻越；嘗以「霜葉紅於二月花」以喻生命的內涵與回饋。

但為書名，都有躊躇。

也有不可思議的時候。那晚夢中忽醒，跳出一句「卻顧所來徑」，當下披衣而起，案前思潮翻湧，點點灑灑，欲罷不能，平生歷程，齊奔筆下。

何不以此為書名？回首來時路，心潮何有已？

雖然寫實，仍然遲疑。

復想以「柔情與倔強」為書名，前者乃心心念念以自期，後者亦時時自省以自惕；可知人生本質矛盾。柔，可游可轉；強，多縛多囚；惟兩者皆有限，也不免徒然、枉然。

即使真切，又復躑躅。

再思「交會」為名，但覺此語雖平常，卻遍佈人生間。不只是人與人，人與萬物、人與宇宙，乃自人與自身命運之間，都是一場一場、一程一程的交會。

近至諸物，遠至天地，都有或晦或明的交會；和一朵花的交會，可能是詩；和一個人的交會，可能是小說是劇本。交會之中或有難解的奧秘，交會之源則從生命之流中湧出，惟湧向何方？莫可逆料。

　　交會之美，可譜成樂章，可鑄爲史詩！即使記憶中那匆匆擦肩的交會，也有「夢中一笑」的烙印……。

　　言簡意遠，仍然作罷。

　　直到那天，我行走山林間，見大樹附生植物之狀，心有所動，當下聯想「栽一株生命之樹」吧！我平素所思所感所尋所筆，不都在企望一株青青不已的生命之樹。

　　我嚮往：那內蘊的生機與活力！

　　我嚮往：它在風雨中飄搖的身姿！

　　我嚮往：它向上伸展，昂然蒼茫！

　　我嚮往：繁華落盡時，猶兀自遒勁的枯枝！

　　生命之樹中，有我的思想、感情，我以此灌漑它生長；身在，筆在，這株生命之樹，逐漸蔚然成蔭。

　　當一片濃霧瀰漫時，當內心有所陷落時，這株長日長夜蘸滿心血的生命之樹，在對我輕輕招手。

　　且以之與諸君分享：樹下，或傾談，或養神；樹梢微風，爲我們訴說一個個生命故事，爲我們平撫人生之旅的疲憊；容我們在樹旁靜謐地安歇，也容我們欣欣而望樹身的美麗、傾聽枝枒上嚶嚶的歌唱。

　　「栽一株生命之樹」，獻給讀它的人。

　　　　　　二〇一一年五月二十三日於淡水沙崙

我靠著一棵大樹，寫序（兒子的序）

母親出新書，我來寫序。

我不會寫作，又是第一次寫序，折磨了許久也寫不出東西，於是開始回頭一篇一篇看母親的文章，我希望能找出，是甚麼力量在驅使著母親不停的寫作？在洋洋灑灑寫了超過百萬文字，在費盡數不清的心力後，這枝筆為什麼從不停下來？我靠著一棵大樹，靜靜地想著。

我的母親，天生是一個感情豐富的人。她可以開懷大笑，也可以嚎啕大哭。她可以慷慨激昂，豪情萬丈；她可以鮮衣怒馬，不畏衝創。她可以義無反顧，生死以赴；也可以揮揮衣袖，飄然遠走。她會為了某個與彩虹相遇的瞬間而感動不已，她會為了理想披荊斬棘，也會為了一張卡片徹夜難眠。她對生命充滿了熱情，她可以將熱情轉為鬥志，迎接生命中不可迴避的一場接一場的戰鬥，她可以將熱情化作決心，跨越生命中一波又一波的惡浪。她還可以將熱情化作愛，用生命執教，用生命寫作，用生命扮演一個母親。

我的母親，擁有敏銳的心靈。視力好的人可以辨識更多色彩，聽力好的人可以聽見更細微的聲音。而敏銳的心靈有如在感知能力上加裝了顯微鏡，可以洞察幸福的瞬間，能夠聽見花朵綻放的聲音。她能因為一隻白鷺鷥掠過水稻田的畫面而感受到生命的豐盈，她能觸摸到樹木的脈動，聽見大自然的低語。敏銳的心靈讓

她能體會他人細微的感受，她能細膩溫柔地聆聽，言語之外的，來自心靈的訊息。在她的身旁，不需要隱藏，因為她總是可以聽見笑容後的悲泣，她總是可以看見眼淚後的笑意。她從不會讓你孤單，她總是能察覺到你。

但君子亦有窮乎，生命也有困頓的黑暗期，擁有豐富的感情與敏銳的心靈也會伴隨著危機，有時強烈的感情帶來了生命的衝創，而敏銳的心靈則無差別的放大一切，讓衝創更顯猙獰。但母親對生命的熱情讓她從不放棄，從延續千年的中國文學中，她感受到一波波美的衝擊，而從文化思想中，她找到了生命困頓時前進的方向、找到了人生處窮的姿態、找到了安頓身心的智慧、找回了那個跳舞時仿若無人注視般自由的自己。她注視著史記的恢弘與司馬遷綿延至今的悲鳴，她注視著詩的力量與李白一醉千年的浪漫情懷，她注視著蘇東坡的才氣與無常的人生際遇，她體會莊子跨越生死、擊盆高歌的明心見性，她看見了孔子周遊列國揚起的風塵。無數次的古今對談，啓蒙了新一代的文學創作者，啓發了母親關於人生更深刻的思想與自成一家的哲學觀。這些老師們遺留的智慧話語，讓母親在人生的旅程中，有如看見了一棵又一棵的神木，在困頓時、在寂寞時、在君子亦有窮時，靠著這些神木，靜靜的蓄積力量，蓄積慢慢自成一棵大樹的力量。

思想擁有力量，但執行力才讓力量有了著力點。我的母親不是構築空中樓閣的幻想家，她是務實的實踐者。一步一腳印的印證古聖先賢的思想，不偷工不減料，她慢慢的用生命提煉出人生的智慧，一點一滴都得來不易，每一個字都實用可行。她貫徹於生活中，讓豐沛的感情圓融而不辛辣，讓敏銳的心靈成熟而不脆弱，再佐以宗教的啓迪，慈悲常在，自在無礙。生命之樹開始茁壯，枝繁葉茂，果實豐美。

　　母親總是充滿了感情，她愛身邊的人，她愛世間一切。她急切的希望分享辛苦挖掘出的寶藏，因此她拚命的寫，用生命去寫。過去如此，現在如此，未來也是如此。

　　我靠著一棵大樹寫序，誠摯地邀請您一同來到這棵大樹下，在這裡你可以避一避毒辣的陽光，也可以只是休息一下，也許，你可以聽一聽大樹要跟你說的話。聽完後，也許你會覺得遇見了一位最好的朋友，也許，你覺得遇見了一位最好的老師，而我何其有幸，我遇見了最好的母親。

　　　　　　　　兒蔣其豫於二○一一年五月三十日

亦母亦師（女兒的序）

　　今天是母親節，媽媽問我是否願意為她的新書寫序，我欣然答應。

　　我的母親是一個作家，一個專出沒有甚麼人買的書的作家，很多人說她的書，太嚴肅，愛講道裡，理論過高，在現實生活裡根本行不通。我完全同意以上講法，但是，我有些其他的話要說。

　　媽媽是個天生的老師，她不論做任何事，都像是個老師，每一分每一秒，媽媽都想將先聖先哲的智慧，傳道、授業給需要受教的學生、家人和不認識的讀者。媽媽知道世事艱難，也知道陳義過高的理論，徒增人的挫折感，即使如此，做為一個老師，媽媽堅持將最高的理想和體悟，與眾人分享，相信國學的教養，可以使人的素質變得更高；認為先聖先哲的智慧，在二十一世紀，仍有其存在的必要；媽媽知道，她在國學方面的努力，可以轉換成為課堂上的教材，教出良善而優秀的學生，即使沒能賺很多錢，卻能穩健踏實，與人為善的過好每一天。

　　媽媽開始從事教職工作後，小時候的印象常常是媽媽在三更半夜，用小楷毛筆改作文，寫評語，有時候媽媽寫的評語比學生的作文長度還長；學生考試考不好時，媽媽用手打學生的手心，她一隻手，打三、四十個學生的手心，回到家，我看見的是媽媽紅紅的手；學生表現好時，媽媽會買冰棒給全班同學吃，媽媽帶冰棒回家的笑容很燦爛；畢業時節，很多學生都會送媽媽一束花，

整個六月，家裡都是花海一片；之後逢年過節，學生會寫卡片給媽媽，卡片裡的文字，好像古代的詩詞，我都不知道現代人還有這樣說話的。總之，對學生，媽媽是全心全力的付出；學生對媽媽，是真真切切、滿滿的愛。

對我和弟弟，媽媽多半時候是個嚴師，其他小孩週末出去玩時，我在家背誦國學經典名著，我常常鬧脾氣，瞪著母親兼老師，我有時會找爺爺幫忙，帶我出去玩。這段期間，弟弟著實背了不少經典，奠下堅實的國學基礎。媽媽認為，我是唯一的女兒，爺爺、爸爸寵我上天，媽媽的職責是教好家裡的閨女，於是帶著我學芭雷、學鋼琴、學英文，參加演講、注音比賽，檢查我的作業和成績單，當時的我，看到媽媽就想跑，因為媽媽像老師，不會帶著我玩，只會告訴我，那裡做的不好，還有，與我分享先聖先賢的智慧、辛苦人生的奮鬥歷程。當時的我，總是打呵欠，聽媽媽的「慷慨激昂」或「娓娓道來」。

等到我較為懂事時，我才慢慢喜歡媽媽，知道媽媽兼老師是為我好，我感謝媽媽在旁的督促、在工作上的敬業和對孩子的要求；台灣教育體制的考試很多，每一次考試，媽媽都陪著我，大熱天豔陽下，媽媽拿兩張報紙坐在地下，一坐一整天，等我從考場出來，考不好，下次繼續考；如果我以後有甚麼成就，最要感謝的就是比我還努力的媽媽。

我出國後，媽媽寫了一本又一本的書，書的內容是對女兒的千般思念、對女兒的萬般提醒，我想家時，就將書拿出來，一邊讀一邊掉眼淚，我以為我的翅膀硬了，大學畢業後，迫不及待地就想振翅高飛，飛的越遠越好，跨越太平洋，媽媽就管不到我了，沒想到的是，飛機一落地美國，我就開始想家、想媽媽、想念中文，這時，媽媽的書就成了我想家、想她的慰藉。媽媽不停的寫，

我不停的讀，太平洋兩岸的距離一下變的很近。現在媽媽寫部落格，每天早上一打開電腦，就可閱讀媽媽的文章，我覺得媽媽的文章越寫越好，真心希望，能有更多的人欣賞她的作品，能有更多人在部落格，回應媽媽的「苦心孤詣」、能有更多人買媽媽的書。

　　因為媽媽值得，盼望有心人好好珍惜。

　　　　　　　女兒蔣其蓁於二〇一一年五月三十日

自　　序

其一

但期自立
何求倚靠

自知腳力不足
獨行卻已萬里

不思如何安頓
惟念胸中肝膽

年復一年
不愁日暮

自家燈一盞
晝夜來相照

何待回首
但看心田

根苗已新綠
揚花差可期

是命運餵養
是活水渠成

我也不問因緣
只盼盡心盡性

且由它日滋月長
成一株生命之樹

人群中，它向我低語
獨處時，它為我開展

春風駘蕩，容它曼舞
冬雨纏綿，容它顫慄

餘音乃樹身中汩汩的澎湃
澎湃是天地裡不絕的低昂

我自栽一株生命之樹
不羨忘情、不思寵顧

它青青如是之姿
綿綿可告慰此生

附：

女兒為本書所寫的序中，曾有這幾句：「媽媽的這些體悟，是從她辛苦的成長背景而來…。她傷心時，就跑去對樹說話；直到今天，媽媽仍然喜歡爬山、爬樹；看到大樹，她像看到唯一懂她的朋友。」

我想保留這幾句話在此。

非常珍惜本書中，有兒女為我寫序。分別收到他們的序文時，我逐字逐句的讀，那胸臆間翻湧到眼眶的溫熱，不是酸楚的淚水，滴滴是生命的蜜汁，他們是用心理解母親了。

芳實累累，我尚何嘆！

其二

是的，退休之後，我已打了三十餘萬字了，不是退而不休；事實上，有時間可自主之後，我每週爬山、學唱歌、偶而回校代課……，日子是豐盈的。

然則日日伏案，是為何來？我俯察自我、靜觀萬物，內心總有波動，起伏或洶湧之後，就有寫下來的呼喚。

不必思人生之奄忽，春去秋來，世事人情之變遷，就在眼前；體貌日衰，「志意何時復類昔日」「斯志士之大痛也」，不免縈繞心頭。

此外，我亦體悟：生命之意義與價值，不是哲人的專利。我輩有血有淚，少有不為情、為夢想而苦；而追求之勞人，失落之磨人，眾生與我亦在此內；因之如何出脫、如何昇華、如何以人生之經歷淬化為生命之智慧？不時也念在心頭。

漸漸地，我不再只尋求外在的支撐；漸漸地，會想靜下來，在回顧與觀照中，去挖掘、去體驗、去轉化……；漸漸地，我發

現美景無處不在，力量也無時不在；心中，彷彿有一粒種子在破土……。

　　當我們能平心的和自己對話、和心靈對話，也如同開始和眾生、和萬物、甚且和宇宙對話，那種一層一層剝離障礙，一步一步堅定前進的感覺，可以看到生命正進入一個新局。

　　信筆所抒的小品，辭采、義理自有不足；但，所聞所見、所思所筆，都是關注所在，希望諸君能覺得真切、親切。此時，我看到心中的小樹悄悄地生長。

　　是的，我為自己栽了一株樹。一株不斷成長，生機不絕的樹。

　　　　樹上延展的綠葉，是我不竭的情感

　　　　樹上迎風的花朵，是我生命的姿采

　　　　樹上美麗的果實，是我思想的結晶

　　這株生命之樹，充滿無盡的種子，經由眷顧的手，繼續地生根抽芽、繼續地茁壯茂盛；願人人心中一株生命之樹，它蘊含無限的勇氣、信心和永不匱乏的愛。

　　　　　瞿秀蘭二○一一年五月三十日於淡水沙崙

喜在會心 樂在相契

教育是我最深之所繫。

執筆之際，非期影響他人，心念多在自救自拔。

數十年來，看到的是：

心智的燃起，可以照耀一生。

生命的光輝，在孤境絕處中閃耀。

人生的成就，落實於慈憫的心腸。

卻顧所來徑

一、我們一路懸念的是什麼？

1.匆匆人生，我做了什麼？

2.豈可令蹉跎成此生之大痛？

3.我如何看自己的處境？

4.我如何面對自己的挫折感？

5.我如何理性正視現實，復以不竭之感性輕盈前行？

6.我如何切實為自己的主人？〈承當自我的生命〉

7.努力，非為自己增加什麼；更大力量，在能退回得證自家生命的本然風光。

8.自拔一個「悶」在世俗中的自己，俯看天寬地濶的心靈世界。

9.是否該適時休息、潛退；避開「戰鬥」，全元保真。

10.是否足夠成熟以調和自我的生命？

二、我們的快樂之源

1.中道：勿偏執，「中和」乃生生之機。

2.達觀：禍福循環，世事遷流，就是如此。

3.務實：不被蒙蔽，腳踏實地。

4.寬柔：眼界開、心界開，無事不可體諒、包容。

5.感恩：人之生，受父母、師友、天地萬物無盡之涵育啓沃。

「萬物皆備於我，樂莫大焉。」勿讓得失之心，阻擋了自己的雙手；勿讓成敗之念，阻礙了自己的腳步。

我深記沈家楨先生三句話，常以自勉：

1.不要以為有明天

2.不要批評

3.不要為煩惱所轉

三、我們的苦惱之因

1.躊躇：猶疑紛紛，莫知所從。
2.沉鬱：但見陰霾，舉步維艱。
3.軟弱：色厲內荏，徒擾心神。
4.剛愎：傲慢逞強，築牆自閉。
5.得失：患得患失，耿耿於懷。

我們是否給自己找了多少麻煩？我們是否徒然抓取多少虛幻的東西？

四、我們的幸福之路

1.找到自己，就找到家，就找到人間歸宿。
2.我們不必爲各種「藉口」而活，心智清楚、四肢可動，就是每一天幸福的開始。
3.不再爲憤嫉所制，卸除一切武裝；管制自己的情緒，不爲煩惱所傷。
4.看自己的心，是否還安住自家靈府？這是幸福的境界。
5.切知此生目標，庶乎有以近之。找到自己的立足點，何等幸福。
6.幸福之路，不是坦途；遍佈荊棘的路上，反而不易失足。受苦，喚醒了我們多少力量。
7.人生何曾空白、何曾白走一遭？時時處處，心心念念於學習、於進步、於提昇…，非指成就，乃是我們更「理性」更「真情」。
8.「覺今是而昨非」「知來者之可追」…，都是幸福音符。一首曲、一齣劇、一本書、一席話…，都是改變自我的幸福契機。

9.幸福不在「看得見的外在」，幸福常在「聽得見的內在」。

10.幸福期在以成熟人的成熟心態，建立成熟的人際關係。〈幸
　福不在外境穩定，宜求內在靜定〉

五、回首處，尤見深邃

1.年輕時，如在迷霧中奔跑；中年時，若在漩渦中流轉；終來，
　當有清澈的自處之道。

2.「由己觀人，由人觀己」，人我同在「動心忍性」中成長。

3.成長宜爲知所取捨，掙脫禁錮的葛藤，「盡性」以發展潛能、
　揮灑自我。

4.所謂「柳暗花明」，當指能平靜的接受生命實況，以真實的
　自己面對真實的人生。

5.坦然、泰然。此心無他，歸諸自然。

6.外界提供的「舞台」是一時，生命的舞台，只在此心。

7.循宇宙規則，看陰晴圓缺；生命悲歡離合、生老病死如是。

8.勿憂懼、勿悔憾。人生有「無可奈何花落去」之惆悵，亦有
　「似曾相識燕歸來」的喜悅。有情迷、有智解。

9.紅顏已褪，白髮陡生；惟晚霞滿天，餘溫暖人，乃美之至。

10.一山一山攀爬、一水一水渡涉，此時此際，橋畔小坐，清
　風徐來，何等可慰！

　　正是「卻顧所來徑」，一路曲曲折折，幾番無路之後，停步
回首，歷歷在目；撫今追昔，淡淡微笑…。悠悠餘味，是造化的
禮物、是生命的饋贈，何嘗不是自我的完成呢？

　　《這是下週二，將應邀赴聖心女中國文科研習活動的講詞綱
要，寫完忽想，何不也與大家互勉？願滴滴心血，能灌溉彼此的
心田》。

「卻顧所來徑」餘思一

　　午後，在聖心女中和國文科老師有一場聚會。

　　我雖以「卻顧所來徑」為題，分享為師的一路歷程，但也遵囑淺說了國文教學的一點個人體驗。此刻，就記憶所及，分享部份內容。

　　國文教室裡，充滿性靈之美、生命韌力。才學、性情，瞻之在前，忽焉在後。

　　國文課裡，起伏著思慕與嚮往、企求與追尋，迴盪著「哀黑暗向光明的幽情幽思」。「雖不能至，心嚮往之」「想見其為人，未嘗不垂涕」，輕觸著師生的心弦。

　　國文課中，生命是何等真實！它不是說故事、講道理；它是藉古今之口之筆，喚醒我們去認識自己，去尋找、去創造自己的人生。

　　所謂「生命的真實」，遍佈著掙扎的痕跡：為生存、為情感、

為夢想…。試想「吾誰與歸」一句，怎麼不餘音嫋嫋？一句「物各有主」，怎麼不是人生現象？「輾轉反側」怎麼不是生命情境？「由是感激」怎麼不是至性流露？乃至「錯！錯！錯」「莫！莫！莫！」簡直是萬古同聲！

我們要和同學一起去感受這裡面的「生命」！千秋之下凜凜然、栩栩然的生命！「若合一契」，毫無間隔。

「人之生也，與憂俱生」，生之痛苦既不能避免，必為最重要的功課；惟苦樂一體，受苦中，亦有淋漓深刻的徹悟。如何在「入微」處指點同學觀照？

國文課中的義理，不是迂闊、不是放言；它們不僅悅心，它們也是點滴滋養我們成長的養分。

高中國文教學的目標在「恢宏堅忍」，這極博大；眼前我們能護住同學〈包括教師自己〉的性情，即是生根；一切教育，在此落實、在此開展。

在面臨逼來的人生問題時，再多的知識，無濟；再多的技能，無濟。「心為要」，見真章。

國文教學，堂堂有「心靈的接引、心靈的相觸、心靈的潤澤、心靈的提升…。」開啟的心智，厚植了一生的基礎。

有心的教師，與同學一起成長的教師，終得在自己的教室裡，孤心不孤，苦心不苦，師生試深深一吸 —— 可聞生命之至芳！

若比國文教學如富麗滄海，以上只是微微的一瓢。

「卻顧所來徑」餘思二

昨天，和聖心女中國文老師一席談，除了前列的綱要和昨夜的「淺說國文課」之外，尚有一些感觸，再留存於此。

校園內「蔥蘭」

一、我以國學前輩唐君毅先生的幾句話：「我的學問、思想、所說的一切，其中最深的根源，乃是『對人生的柔情』」開場，因為，這幾句話曾感動年輕時候的我。我以為：「對人生的柔情」是根源也是究竟；與錢穆先生所云：「最大的學問，在人的心情。」同有幽邃的深意。

二、身為國文老師，有更多親近生命、檢視自我的機會；在人生責任、家庭、工作、賺取衣食、找自己的位置…之外，當聽聽「心裡還有什麼聲音」？

三、我在海邊坐，看海鳥，看人人都是飄飄於天地的一沙鷗；我在山中行，看棲身於深林中的奇花異草，也驀感生命的各自榮各自凋；風雲際會的熱鬧，只是人間一場終將散場的戲劇。

四、我們盡力不要把「無奈」放嘴邊，默對「缺憾」之必然。一路的學習和歷練，就是在這上面用力；在人生重重約束中，以有限開拓器識涵養之無限。

五、能在我們受苦時，靜靜地陪伴身旁的人；以及看到我們的心血、我們的特質的人，就是我們生命中的貴人。

六、幸福可自然而來，不待「經營」「盤算」，不求可自至；近乎「水到渠成」、近乎「桃李不言，下自成蹊」；生命的光釆能獲得自然的感應；苦苦尋索，緣木求魚。

七、快樂，也可以是一種決心和行動：去關愛一個人、去完成一件事；或者，切割一切糾結的藤蔓，直承錯誤，乾坤一捨不惜！

八、放下有時比獲得更幸運，人生有悔有惑都無妨，在在都是人生寶貴的體驗。

九、世上真有所謂「強者」嗎？自恃剛強最堪憐，畫地自限最堪哀！苦人傷人，不算英雄。

十、剛愎行事，損失的是「自我成長」的機會。憬悟自覺，才是幸福快樂之機。

十一、寬柔，是因知人生的艱難而哀憫由衷，一念之起，可掃漫天陰霾。

十二、哀憫，乃柔心，柔心方為鐵血光熱、鐵肩擔重的源頭。

十三、活著，是靠自己的雙手、自己的心智，開展常新不已的人生路。

十四、人生終極目標在得所、在自處。在一片大霧臨頭時能自我安頓、能鎮定的走下去。

十五、憤嫉，是一個牢籠、一個禁錮！久困其中，面目全非、能量盡失！

十六、所謂「自己的立足點」，亦可指找到自己的志趣、肯定自己的天賦和能自反的靈動心靈。

十七、不曾跋山涉水，豈知其中辛勞？沿途點滴，值得記取。每一步的領悟，如人飲水，我們最要交代的對象，是一程跨一程的自己。

十八、不要營造假象，不要沉溺表象，勇敢接受真象；真正讓我們情不自禁地，是生命這一路曲曲折折的山重水複，走過來了！振衣千仞崗，做到了！正面以對重重試煉，不辭不避，俯首領受。

整整兩小時，若促膝傾談；所言非關真理，惟不可以高論視之，自家心中自知，句句是「一步一印」。取諸懷抱，自勉互勉。

孔門四科十哲

即日將應邀到海外的台校，作國文教學的演示，對象為高中學生；在被安排的講課教材中，其中有一課為論語的〈論弟子 ── 四科十哲〉。時間有限，只能概括的想、概括的講。

本課內容：

子曰：從我於陳、蔡者，皆不及門也。德行：顏淵、閔子騫、冉伯牛、仲弓；言語：宰我、子貢；政事：冉有、季路；文學：子游、子夏。〈論語先進〉

我首先想：

1.孔門學說的中心概念為何？（志於道、據於德、依於仁）

2.孔子教育思想的核心為何？（有教無類、因材施教、循循

善誘…。）

3.「四科十哲」的意義和影響爲何？（得孔子眞傳，述孔子志業，相湧激盪而滙入學術文化的大河）

4.如何保有施教者的熱情長存？受教者的所長不墜？

5.如何認識自己的氣稟，找到投注的方向？（或義理或經世或考據或詞章，在一己之位上綻放生命的光輝）

我隨之筆：

1.「師者，所以傳道、授業、解惑也。」傳的就是「修己治人」的孔門之道。

2.唐‧韓愈治學、著作，以發揚聖學爲己任，此「聖學」即儒家學說。（自立立人，自達達人，成己成物，內聖外王）

3.宋‧歐陽修爲學著述，以「明道致用」爲重心，「明道」，即指闡明孔子之道、儒家之道。

4.清‧方苞爲文：「非闡道翼教之文不苟作。」「闡道」，即謂以闡揚儒家思想爲己任。

5.宋‧文天祥曾歌：「哲人日已遠，典型在夙昔。」這個「典型」是指什麼？從此，「讀聖賢書，所學何事」知識份子念茲在茲。

6.「聖賢家法」，不是絕對的道德修養的實踐，從人性上理解更有力。「理義之悅我心」，是對人性的極至尊重與發皇。

7.看孔門弟子的成就，有志於聖賢，所以日新又新；能拔乎流俗，所以專注有成，我們是否能「見賢思齊」？

8.「十哲」皆曾隨孔子共厄於陳蔡，絕糧之際，何等考驗？顏淵「不容，何病；不容，然後見君子！」數語，鏗鏘千古！論語中師生間的感情互動、生命教育…，也是奠定儒家學說、中華文化的關鍵。

9.「日暮途窮」之際,是「傳薪續火」的契機。彼時陶養、蓄積;此時開花、結果;有孔子的德業感潤,方有十哲的才情大展。師生同歸於永恆。

10.程子曰:「仲尼,天地也。」天地在,化育萬物。豈止三千人、豈止七十二人、豈止十哲,千秋萬世的生靈,莫不受其啟沃、沾漑!「天不生仲尼,萬古如長夜。」人間世世代代都需要一盞明燈,照亮前路。

以下,簡介孔門「四科十哲」,並試舉師生互動一、二例,以窺儒學教育:

一、顏淵:名回,字子淵。古人稱字號,示親切、示禮貌。

孔子和顏淵的師生情誼,在論語中扣人心絃,「孔顏之樂」似見一體、見一脈。

孔子不時對顏淵的好學行仁加以稱賞,顏淵對老師所教也傾心贊歎。師生心悅之情,乃學習之樂。

我們溫習這一章:

顏淵喟然歎曰:「仰之彌高,鑽之彌堅,瞻之在前,忽焉在後。夫子循循然善誘人,博我以文,約我以禮,欲罷不能。既竭吾才,如有所立,卓爾;雖欲從之,末由也已。」

這五十多字,洋溢師生志道、論道、樂道的悠悠情韻!

「見道」才有此歎!「欲罷不能」何等生動!境界令人神往。

這是「一簞食、一瓢飲,居陋巷」,絕對奪不走的快樂!

是,人確定了生命意義的至樂。

是知顏子列孔門「德行」之科,居十哲之首,其來有自。顏淵躬行履踐夫子學說,後世尊為「復聖」。

聖,我嘗以「有一顆不已的悲心」以喻之,期盼同學莫視其遙不可及。顏淵在日常生活的態度上「不遷怒,不貳過」,即

爲「聖」的一種體現。這是自我深省、自我管制的功夫，孔子稱其爲人：「擇乎中庸，得一善，則拳拳服膺而弗失之。」如此「默識」「謙沖」…心解力行，自然「從容中道」，「用行舍藏」。

顏子殁，夫子哭曰：「天喪予！」自嘆「無傳矣！」，師生深情若是！論語的感染性豈亞於義理。

二、閔子騫：名損，字子騫。以孝行著稱於世。

劉向〈說苑〉有言：「閔子騫兄弟二人，母死，其父更娶，復有二子。子騫爲其父御車，失轡。父持其手，衣甚單，呼其後母兒，持其手，衣甚厚溫，即謂其婦曰：「吾所以娶汝，乃爲吾子，今汝欺我，去無留！」子騫：「母在一子單，母去三子寒。」其父默然。我讀此亦默然。

子曰：「孝哉閔子騫，人不間於其父母昆弟之言。」父母兄弟都說他孝，這是真孝、純孝；孝悌爲孔門最重視的道德，「孝悌乃爲仁之本」。孝，是人倫之美、人性之美。

閔子騫之難得，在處人倫之變（母亡）、受欺，而猶孝心純良。在困逆之境，天然流露，感動父母，成全一家和樂。這是至心。

三、冉伯牛：名耕，字伯牛。時人稱其「善言德行」。

人之德行，於「非常」中尤顯突出；孔門一行，厄於陳、蔡，眾弟子有質疑、有憤慨…，冉伯牛彈詠不輟…。

心志堅定，履險如夷，動亂不擾其心。

賢如伯牛，而有疾早卒，夫子大嘆「命矣夫！」沉痛之態，千古戚戚焉。

師生乃「心智的後裔」，師愛護，生孺慕，皆出純情。

四、仲弓：姓冉，名雍，字仲弓。孔子讚其有南面之材。

子謂仲弓曰：「犂牛之子，騂且角，非欲勿用，山川其舍諸？」

這是仲弓的身世，以雜色斑文的犂牛爲喻，雖微賤出身，無害其學養器識，與氣度之有成。「騂且角」，喻其爲可用之才，必見用於世。古書稱其「不以貧爲累」，亦言其「仁而不佞」，足可想見其「窮且益堅」所培養的德行人格。

五、宰我：名予，字子我。與子貢同列「言語科」。

言語，指「善爲說解」，「嫻於辭令」。宰我才氣特出，性情也拓落不羈。

論語記載其「晝寢」受責，似難以「翻身」；宰我仕齊時，即有接遇賓客、應對諸候之美語傳世。

可惜美語不見傳世，徒留朽木糞牆之責，真有受屈之感，惟仍列十哲，可稱「翻案」。

宰我能「致用」，使於四方，發揮「專對能力」；性格上獨行其是，自視自矜，或可視爲「小疵」。小疵何掩大醇？

六、子貢：姓端木，名賜，字子貢。孔子稱其爲「器」，指其能幹。

子貢與宰我的成就，同樣在外交方面。惟世人多增美子貢，加醜宰我，未盡公允；或個性差異所致。

子貢在外交上，折衝尊俎，義正辭嚴，充分表現所學。並善於貨殖，財富可觀，在七十子中最爲殷富。

他之可貴，在善於運用財富，貨殖非其目的，他是能把「貨殖」的價值發揮出來的智者。

在論語中，顏淵的智慧是沉潛的，子貢的智慧是顯露的。

他善問、善思、善學，「告諸往而知來者」。

孔子稱其「可與言詩」。子貢舉一反三，觸類旁通的聰慧，在論語中很鮮明。

孔門中最動人的一幕，子貢也是主角。孔子卒後，子貢心喪、

盧墓，六年始歸。七十子之於孔子，乃中心悅而誠服，子貢不舍離去的師生風義，千載猶凜凜如生！

此外，時人稱其學過於夫子那一章，子貢侃侃爲師辯護「夫子之牆數仞」，也令人擊節！

七、冉有：名求，字子有。

冉有，有治事執政之才，其自言：「方六七十，如五六十，求也爲之，比及三年，可使足民。如其禮樂，以俟君子。」他自信有「足民」之能，如此善於理財。今日台灣朝野，一致要求「發展經濟」，或需多方尋覓冉有、子貢一類的人才。

孔子也肯定他：「求也，千室之邑，百乘之家，可使爲之宰也。」

論語另一章，指出了冉有的個性。

子路，冉有共同問「聞斯行諸？」夫子所答不同。因爲「求也退，故進之；由也兼人，故退之。」

子路的缺點，在於「即聞即行」，冉有反之，在「聞而不行」。

子路太「過」，冉有「不及」，所以孔子施以相反的教誨。

八、子路，姓仲，名由，一稱季路。與孔子甘苦與共四十年。

孔子曾責其「野哉」，這一個「野」字，其實，照亮了子路的豪放真率。

他總是第一個舉手、第一個發言、第一個行動。

「好勇力，性伉直」是他畫像中不可缺的二筆。孔子憂其受制「血氣」，告誡他「臨事而懼」；可惜子路仍「好勇」過之而罹難！

子路的政才，也見於他爲政的自信：「千乘之國，加之以師旅，因之以饑饉，由也爲之，比及三年，可使有勇，且知方也。」亦言：「千乘之國，可使治其賦，不知其仁也。」他有治軍的能

力、一身的膽力、一身的豪氣！是極重情義的「漢子」！

孔子也曾讚美子路「不忮不求」，讚其學問層次已至「升堂」…。可惜仍死於衛君之難！子路死訊傳到魯國，孔子「哭子路於中庭」，並爲之「覆醢」，師生肝膽相照如是！

九、子游：姓言，名偃。武城弦歌一章，孔子師生一行，景象令人嚮往。

「子之武城，聞弦歌之聲」，夫子莞爾而笑曰：「割鷄焉用牛刀。」子游對曰：「昔者偃也聞諸夫子曰：君子學道以愛人，小人學道則易使也。」子曰：「二三子，偃之言是也。前言戲之耳。」

這一章，十足見出子游爲學之功、力行之切。即使治理小小的武城，也時時不忘禮樂爲執政之本源與目標。教育文化方是執政的重心。

結語中「孔子戲言」，於子游何等可親。「戲言」中於孔子又何等可慰。

十、子夏：姓卜，名商。「游、夏」皆以文學見長。

子夏曰：「日知其所亡，月無忘其所能。」溫故知新，才德俱進。

子夏亦有「賢賢易色」之名言，見其視野。

子夏亦有「繪事後素」之悟，進而領悟「禮後乎」。指出當先有忠信之質，而後習禮，始成君子之德。「禮」乃後天的教養，是內在人品的外在體現。

子夏之言，深中肯綮，故於詩、於文學，脫穎而出，講學西河，傳授詩書禮樂。

結論：

十哲各有其長，各有其姿，枝繁葉茂，乃其根固；孔門「四

科十哲」，光芒至今，足見孔子教化作育之功。昔日曾讀孫文先生數言：「教養有道，則天無妄生之材，鼓勵以方，則野無抑鬱之士；任使得法，則朝無倖進之徒。」發人深思。我亦深喜儒家「寬柔以教」的教者情懷。在整理「四科十哲」的資料和記錄片言感想時，我再度深受啟發、鼓舞。

深夜筆之，將以贈海外之青青子衿；願亦能體會我執筆的慕思之情…。孔門仁義精神，可放諸四海，千古猶新…。

〈蘭亭集序〉賞析

我讀〈蘭亭集序〉，不禁而嘆：

一、「情之所鍾，正在我輩」，有情若是（親人、友朋、乃至生命），如何無感？

二、蘭亭雅集，有江山之助、有性靈之助；親友會聚，互吐衷腸、互訴心懷，即席賦詩，興會淋漓，此賞心樂事，乃生之大樂。

三、感於生之樂而興死之痛，非因善感多愁，乃清醒面對人生 ── 何事不「遷」不「盡」不為「陳迹」？我聯想〈曹丕與吳質書〉：「每至觴酌的流行，絲竹並奏，酒酣耳熱，仰而賦詩；當此之時，忽然不自知樂也。謂百年己份，可長共相保，何圖數年之間，零落略盡……。」亦感痛焉！

四、文中，非「知其無可奈何而安之若命」，在深沉的悲哀中，復有深沉的理解。「古人今人如流水」，惟一息之存，所做為何？留下什麼？作者深思戒惕，從中超拔 ── 盡性、盡命，可慰平生。

五、我亦聯想：曹丕〈典論論文〉所云：「年壽有時而盡，榮樂止乎其身，二者必至之常期，未若文章之無窮……。」王勃〈滕王閣序〉：「天高地迥，覺宇宙之無窮；興盡悲來，識盈虛

之有數。」

　　以下，略作簡析：

　　本文首段，點出時間（古人以天干地支相配紀年，是年為東晉穆帝永和九年，正當干支的癸丑年）、季節（暮春）、地點（會稽山陰蘭陵）、活動（修禊）。放眼是「茂林修竹、清流激湍。」環顧是「群賢畢至，少長咸集。」想見「暢敘幽情」「同聲相應」，其樂何如？

　　作者列坐其中，「仰觀宇宙之大，俯察品類之盛」，宇宙皆在心目中，人間「良辰美景，佳人佳期」，尚復何憾？

　　「游目騁懷」此際，不想「人生奄忽」、不想「斯樂難長」！「心凝形釋，與萬化冥合」，此中自有俱足！

　　「取諸懷抱，晤言一室之內」「因寄所託，放浪形骸之外」，洋溢著友朋相與之樂！動靜自得，無掛無礙！「曾不知老之將至」！

　　此時筆鋒一轉，說「情隨事遷」、說「終期於盡」，只是樂往哀來，愴然傷懷嗎？只是感於萬物盛衰無常，生命短暫渺小之傷感嗎？

　　作者以沉痛之筆，直指人生莊嚴的事實 —— 死生亦大矣。

　　全文主旨，在此揭開 —— 生命的最高價值何在？作者在此，把情感和理智一齊推向高峰 —— 生之戀、死之痛，皆人生現實。此際的生命交會，何等真實、美麗！「錄其所述」，映照後人，這是「生之意義的實踐」。

　　文中，作者隨之批判了老莊「一死生」「齊彭殤」的生死觀。他以為生死兩事，不能同等對待。對時人溺於「生死無常、及時行樂」的態度，他有更清晰、嚴肅的對待。他有更高的視野、更寬的心胸，肯定「此時此際」的生命價值。

　　「死生」，雖屬「修短隨化」，惟有生之年，活出生命光輝，

體現生命意義，應為文中潛在的深意。

流山玩水可樂、切磋酬唱可樂。此樂尚可再推一層——如何在「欣於所遇」和「已為陳迹」的交互中，不傷不退、找到切切實實立穩腳跟、完成自我的力道？

無可如何中，如何建立支撐生命，推動生命成長的信念。無奈乃客觀環境，生命體如何在其中「操之在己」？

作者顯然在當代思潮中（虛無、悲觀、莫知莫從、⋯⋯），站出一個不一樣的身影，即使「一時興懷」，他也要化為永恆，生命氣勢，躍然紙上！

結尾「若合一契」！已超脫一己生命的有限和飄忽的悲歡，縱觀人生，看生看死，他認真正視又勉力超脫——悲哀中仍精神奕奕！

興懷之餘，集文成冊，並為之序，將人生如山似海般而來的死生，付諸 324 字文中。

紀實、寫景、抒感、議論，全文一氣呵成。是素日蓄積，也是臨場觸發，洞見本然，灑然以對。但感哀、樂，都是他源源不絕的生機、活力。

〈桃花源記〉賞析

一、我讀桃花源記，最先想到的是：

1.有真人品，而後有真文章

2.時代背景拘限不了一個自由的靈魂

3.桃花源記的不朽價值何在？

4.個人的生命價值何在？

5.溫柔敦厚是永恆的力量

6.文短情深、言近旨遠，關鍵字詞的力道

7.率真一生、清新千古

8.雖屬託言，實寄深衷

9.淡中真味，至人爲常

10.「回頭」是真智慧，「放下」是真功夫

二、其次，若爲陶淵明畫像，我選擇這幾筆：

1.閒靜少言，不慕榮利

2.吾不能爲五斗米折腰，拳拳事鄉里小人

3.願言躡輕風，高舉尋吾契

4.實迷途其未遠，覺今是而昨非

5.聊乘化以歸盡，樂夫天命復奚疑？

三、再誦其詩、讀其文、想見其人：

1.誤落塵網中，一去三十年

2.久在樊籠裡，復得返自然

3.此中有真意，欲辨已忘言

4.但識琴中趣，何勞絃上聲

5.此亦人子也，幸善遇之

四、進入桃源世界：

在晉、宋易代的動盪時代，玄虛彌漫，華麗當道；以樸質之筆，直寫肺腑，暢敍胸懷的陶淵明，即使被時代追著、被衣食追著、被命運追著……，他始終活出「隻立千古」的氣概！

雖然，淵明曾在文中，感嘆「深愧平生之志」，其實，他一生真實的面對自己，「當仕則仕，當去則去」，十足不負平生。

他勇於尋找寄託生命的天地，他透過儒道佛三家的學養，找到了支柱、找到了根源；他在甚囂塵上的功利聲中，呼應內心山水田園的呼喚；他大夢覺醒、載欣載奔，他大呼「質性自然，不可矯厲」，毅然掛冠，尋回自我。從此，展開他悠悠然二十多年的退隱歲月、寄情自然的自在生活。

這段時期，他嘯傲東窗，「俯仰終宇宙，不樂復何如？」，但是，貧困並未放過了他，在「責子」詩中，他以「天運苟如此，且進杯中物」以自遣，曠達成了淵明生命中最有力的救贖。「無欲無求」的他，宛若天地間的「閒雲野鶴」。

令人心羨的，不是他的逍遙自在；令人企望不及的，是他坦然勇敢地在不由自主的現實人生中，拓開了一條自己的道路──一個可以「獨與天地精神相往來」的人生！一個可以不清算自己的「成敗得失」的生活！他活得頂天立地！

時人把他的詩列為「中品」，絲毫無減他在詩歌中的成就，不減他在歷史中的風采。

一語天然萬古新

　　豪華落盡見真淳

　　元好問用這兩句爲陶淵明的作品「點睛」。其文其人莫非如此。

　　晚年的陶淵明，再度陷入飢寒交迫的困境，在處處窘迫之餘，他寄情於創作。他想像著：是否有一個沒有戰亂、沒有欺壓；只有和樂、只有平等的美好社會？於是，他創造了「桃花源」。先寫桃花源詩，復補序文；文中一字一句既寫實，又空幻，虛實之間，固然值得討論，惟，誰不動心於這樣的生存世界？人類，不是可以擁有不受威脅、不被剝奪，安全又快樂的生活嗎？

　　〈桃花源記〉是陶淵明的夢，難道不是世世代代人的夢？何以，人，基本的幸福與尊嚴，竟成了遙不可及的夢？只能憧憬、只能嚮往嗎？

　　再思：陶淵明熱情做夢、何以又告訴我們：「遂迷不復得路」「後遂無問津者」？

　　我讀〈桃花源記〉，看到了陶淵明以深情看生命、以理想看人生。有斯人復有斯作，他一生爲人、做事、作詩、作文，皆無「斧痕」。「真」字可註解其一生。我讀之，亦「忘言」，如響應聲，仰慕不已……。

　　附：昭明太子評陶潛文：「論懷抱則曠而且真，加以貞志不休，安道苦節。余素愛其文，不能釋手，尙想其德，恨不同時

山　行

　　山行記遊，以寫景爲主，箇中是否有「情」？

　　王國維曾言：「景語亦情語」，試問同學：本詩欲表達何「情」？「霜葉紅於二月花」，是詠楓名句。一個「紅」字，頗有迷離欲醉之感，卻又醒目、醒人。是以詩中充滿「蕭瑟中的生機，淒清

中的活力」，它，表現的就不只是文學之美，是否也有哲思？

　　山行，是尋幽、是訪勝、是探秘。山行，不辭路遠、不懼顛簸，曲折而上，面面迥異，令詩人心動神馳。目所見、心所感，是一幅幅畫、一首首詩……。

　　「遠上寒山石徑斜」，這個畫面，有季節，有實景。崎嶇陡峭的山路上，有目不暇接的風光，迎接著殷殷相顧的詩人。「白雲生處有人家」，是不經意的一瞥，也是別饒意趣的一景。那幾間屋舍，是仙是人？

　　我亦有此經驗，跋涉復跋涉、一山又一山，赫見白雲生處，竟有炊煙幾縷，不禁想問：何人住此？住此為何？

　　杜牧山行的前二句，或許未曾如此推想，純係一路蜿蜒上山客觀的描述。

　　我們順著作者的方向前進，順著他的指引欣賞山景；直到「停車坐愛楓林晚」，恍然有悟：之前，似輕描淡寫以蓄勢，或無心或有心，都不必問；直至勒馬下車，一片楓林躍入眼前，宣告了此行重心、此詩重心。

　　之前「遠」上，馬不停蹄；此處停車，心有所繫。

　　楓林深處，楓紅層層，秋光秋景，其艷絕倫；詩人屏氣凝神，閃出了「霜葉紅於二月花」。

　　心潮澎湃此際，卻是以輕靈之筆，將滿腔起伏化為幽幽讚頌。

　　這是不期而遇、驀然發現？還是早有醞釀，因境而會？無論如何，都為素日情懷找到出口吧。

　　此詩寫秋，或季節至秋，或人生至秋，都別有新境。霜葉乃尋常秋景，詩人不寫「形」，卻賦予「神」、賦予它潛藏內斂之生命力，容它在颯颯秋風中，以長久蓄勢的能量燃亮山頭；它，似通過漫長歲月的千錘百鍊、通過世事人情的千磨萬擊！本心、

本色，一般動人。

意有所會，感有所通，雖是平常語句，也足以驚心動魄！「霜葉紅於二月花」，可抵一篇散文、一部小說、一齣劇本。此句可稱「神來之筆」，或也是詩人生命寫照，幾度攀山越嶺之後的體悟。

二月春花再美，也只是姹紫嫣紅一片，瞬間斷井頹垣！

秋來的經霜楓葉，融入了天地靈氣一般，蘊含著不滅的生機。詩人喜霜葉的風華，無異也宣告了自己的生命情調。

他笑看春去秋來，滿山流丹耀眼，或也有自我的生命歷程。

正是颯爽的秋景，紅豔如霜葉，堅韌如山行。小杜真是人中翹楚！

回首見深邃，沒有歷程，怎有如是的發現？

〈馬來之行，台校囑我講杜牧〔山行〕崔顥〔黃鶴樓〕杜甫〔石壕吏〕與〔桃花源記〕

午後「山行」

〔蘭亭集序〕〔孔門四科十哲〕，行前匆促，略作賞析，以助同學聯想、體會…。〉

〈石壕吏〉賞析

戰爭，會改變多少事？會改變多少人？

在唐詩的發
展史上，杜甫是
誰也忽略不了的
人物，他有「詩
史」之稱，唐代
安史之亂的背
景，和詩人不可
分割；他有「詩
聖」之稱，儒家
的仁民愛物、己
飢己溺的精神，和詩人密密相合。杜甫的詩篇，反映了時代、呈
現了自己、表現了人生。

　　他，已不只是一個詩人，他也是哲人。他的生平和作品，已
滙入民族和文化的生命。他，也不只是一個時代的代言人、一個
時代的鏡子；他用心、用腳、用眼、用手，親證也親筆了生命的
苦難和尊嚴。

　　他以詩詞向世人宣告：戰爭是什麼？無情，又是什麼？

　　有人說，閱歷的豐富，使詩人生命更豐沛，題材更深廣；但，
我們怎忍備嚐艱辛的詩人，一生頻頻是「驚定還拭淚」呢？他悲
苦無告如飄蓬，在亂世中掙脫出路……，最後，終以詩歌展現了
堅韌自持的「不屈」一生吧！

　　人生至苦為何？國破家亡，是大苦；妻離子散，是大苦；眼
前無路，是大苦；但，一直緊緊相逼於這位滿腔熱情，溫暖心胸
詩人的，卻是時時煎熬的「凍餓」！

　　我們發現詩歌史上，藝術成就如此輝煌的詩人，竟始終輾轉
於貧困失意的交迫中。這，令人扼腕！但，這也是最重要的啟示：

詩人的藝術成就，來自於他一生的際遇、體驗。安史之亂中，他顛沛流離、九死一生，認清了生命的脆弱、戰爭的殘酷、人生的實況、生存的艱難！

他，沒有被擊倒！他的人生和禍亂相終始，他的心靈卻始終激湧著同情的波潮。他以天賦以際遇以力學，親自雕刻了自己的身影。

他，成就了社會詩、成就了無限人道關懷的社會詩、成就了一個儒家的典範。儒家的悲天憫人、內聖外王，是杜甫的人生信念。

他，完成了這個信念，他體現了儒家精神，他「不懈不怠、不怨不尤、不忮不求」的走著他的人生；他受的磨難愈多，愈能在不絕望、不放棄中，以生命的苦汁，澆灌靈魂的花朵，花朵化為詩魂！詩魂光芒，令人懾服！潛德幽光，也令人折服！

試看他的「安得廣廈千萬間，大庇天下寒士俱歡顏，風雨不動安如山」（茅屋為秋風所破歌），我們讀出什麼？為杜甫畫像，不能少掉那「以己之苦，度人之苦；以己之心，度人之心」的一筆！

在亂離的時代中，他以憂傷的眼、溫熱的心，把自己刻進了唐詩。

我們即以「石壕吏」為例，看這位突出的詩人，如何以現實主義的手法，真實又深刻的為我們見證了戰爭的殘酷！它，為人類帶來了多大的苦痛！

杜子美以略持距離的敘述筆調，報導式的描摹戰爭圖景中的這一幕，這一點視角，就足以令人不忍聞睹了。

暮投石壕村，有吏夜捉人。

老翁逾牆走，老婦出門看。

　　吏呼一何怒，婦啼一何苦！
　　聽婦前致詞：「三男鄴城戍。
　　一男附書至，二男新戰死。
　　存者且偷生，死者長已矣！
　　室中更無人，惟有乳下孫。
　　有孫母未去，出入無完裙。
　　老嫗力雖衰，請從吏夜歸。
　　急應河陽役，猶得備晨炊。」
　　夜久語聲絕，如聞泣幽咽。
　　天明登前途，獨與老翁別。

　　此詩何待解說？句句讀來，如見其景，如聞其聲，我們看得驚心、聽得失神；全詩雖翔實，詩人卻未加一語批判，任令我們怔怔地注視著詩句……。

　　我的腦中浮現起：「蒼蒼蒸民，誰無父母？提攜捧負，畏其不壽。誰無兄弟？如足如手。誰無夫婦，如賓如友。生也何恩？殺之何咎？其存其歿，家莫聞知。」（唐、李華，弔古戰場文）……這段文字。

　　杜甫以小說的筆調，借村中投宿一角一家，借黃昏中「捉丁」的一幕，把整個戰爭收納其中。

　　（石壕吏）背景是「暮」是「夜」，人物是「老」是「弱」……。那「一何怒」「一何苦」，對比何等深刻！詩中有因戰爭而扭曲的人性，也有在摧殘下仍兀自芬芳的人性……。也有無奈有無力：老翁的認命，媳婦的嗚咽……。對戰爭作了最「微弱」、也最有力的控訴！它的感染力量，何亞於皇皇巨著！

　　「世上瘡痍，詩中聖哲；民間疾苦，筆底波瀾。」

　　「以忠愛爲心，國事多艱，匡時句出驚風雨；爲生民請命，

痌瘝在抱，警世
詩成泣鬼神」。

　　這二聯多麼
真切地描述了杜
甫一生。

〈黃鶴樓〉賞析

我讀〈黃鶴樓〉，試問：

一、什麼是「空」？莊子：「以有涯追無涯，殆矣！」空不空？

二、蘭亭集序：「向之所欣，俛仰之間，已爲陳跡。」空不空？

三、李白「鳳去臺空江自流」，是否呼應「此地空餘黃鶴樓」？

　　再問：

　　一、李白登樓，詩興勃發，何以睹此詩擱筆？

　　二、本詩傳說與現實交錯、晴日與煙波交錯，作者要呈現什麼？

　　三、倦極思返，鄉關何處；閱盡繁華，俯思本心，崔顥此詩，寫景、抒情之餘，寓何哲理？

　　臨江遠眺，看帆來帆往，想到人世種種際會，偶然相遇，乍然離開；未免有情、何以遣此！

　　成熟的作品，入眼即有扣住讀者心靈的力量，「曲終人不見，江上數峯青」，詩人看江水悠悠，前塵往事如何不齊上心頭？

　　李義山有詩：「三年已制思鄉淚，更入新年恐不禁。」陸放翁有詞：「故山猶自不堪聽，況半世蕭然羈旅。」都寫盡在時間中積累的、那或隱或現的鄉愁……。

　　唐詩，充滿感情，充滿躍動的活力，即使寫「傷」寄「愁」，也有豐沛的生命能量，美麗的生命情姿。

　　賞詩，要在「聯想」，聯想或由此至彼，或由近至遠，由古至今……。待深掘、待體味、待觸發！它們體製雖短，含義幽深、情感綿密…，一一潛在句中。

　　且看崔顥〈黃鶴樓〉：

　　「昔人已乘黃鶴去」，我聯想「黃河之水天上來，奔流到海不復回」！我聯想「高堂明鏡悲白髮，朝如青絲暮成雪」；那「不恨年華去也，但恐少年心事，強半被銷磨」也陡然襲上心頭！

　　「此地空餘黃鶴樓」，豈非「物是人非事事休」？空，可指空間，變幻不定的「舞台」現場；空，亦可指無際無涯的亙古至今！

　　「黃鶴一去不復返」，我想到「大江東去，浪淘盡，千古風流人物」，我想到「當時輕別意中人，山長水闊知何處」？我想到「世事一場大夢，人生幾度秋涼」！

　　人間是「白雲千載空悠悠」，白雲無情，空自悠悠！登樓此刻，真是「前不見古人，後不見來者」，悠遠、空幻與蒼茫，是

自然之景，又何異人生一場？

　　這四句一氣呵成，寫千古的追尋、千古的失落和千古的惘然；然則，就此孑然一人飄泊在此縹渺的時空中嗎？

　　第三聯，詩人以清醒之眼，寫清明之景，自省自拔，將陷入時空茫茫中的自己拉回現實當下。

　　遠望是「晴川歷歷漢陽樹」，近看是「芳草萋萋鸚鵡洲」，美景差堪慰人。在晴日照耀之下，隔江對岸的漢陽樹格外生機勃發；俯看江中的鸚鵡洲，更是一片郁青青。眼前之景，如此飽滿、真實；詩人頓有所思、所悟 —— 我生命中的美好在那裡呢？在行行重行行，輾轉地飄泊中，我又是否遺忘了什麼呢？詩人心潮起伏：浪跡多年，何時安頓？極目遠眺，鄉關何處？

　　此時，內心積壓在底層的一些東西便衝決而出了。

　　昔人云：「遠望當歸，長歌當泣」，鄉愁似決堤，詩人情不自禁地在黃鶴樓的壁上，刻下了這篇名作。翻湧的惆悵，引起千古共鳴。

　　這是人類共同的情感、常繫人心深處的，是長我育我的家鄉；長我育我的家鄉，是我生命的根源。但，歸鄉的道路何在？

　　何處是安憩之所？時空不斷交錯，境遇不斷交迭；疲憊的自己，將安歇何處？

　　但覺此詩悠悠餘韻不已……。

　　換個角度，再讀一遍，再思一遍……。

　　一曲黃鶴樓，流傳千餘年，寫的是什麼情？寄的是什麼慨呢？

　　寫人生如寄，寄生命如蓬。

　　「昔人」來去，都非重點，或為仙人傳說，或為世人聚散，只是「借題」；昔人已去，襯托的是「人去樓空」的事實。

　　黃鶴一去不返，若舊夢不可重溫；白雲千載下，是人間哀樂、

世事興衰的循環。

詩人或也有「古今如夢，何曾夢覺」之慨！

神話為虛，現實則上演著如是真實的劇碼。

傷今傷時傷逝，方是作者胸中塊壘。弔古只是引言，旨意多在此時此際的「憬悟」。

「鶴去樓空」非神話，乃人生四處可見之景、可遇之境。一切飄緲遠去時，只留誰在憑欄、徒然浩歎！

如何排遣此時鬱苦？美景固慰人心，卻益增空幻之感，若「年年歲歲花相同，歲歲年年人不同」，物換星移繁華轉眼落盡！空自惆悵日暮鄉關何在！

回首前塵，遙望未來，竟都是一片又一片地煙霧迷漫。

「見此茫茫，百端交集」，真無以自持、無以超脫了。

人生歷經哀樂後，竟是天地茫茫、此身茫茫、此心茫茫……。

千載也好、瞬間也好，莫非都只是一個「空」字！

再問：李白何以睹詩嘆服？「黃鶴樓」寫盡了人生！用句如歌，唱不完千千結！

詩人間心心相印、相應、不言、會心；李白同樣也對生命的根源、生命的究竟、乃至生命的歸宿，有著「萬古愁」啊！

　　附：李白詩素有「清水出芙蓉，天然去雕飾」之風，崔顥少
　　　　年為詩，自負才高，意多浮豔；晚年折節，迥異當年，
　　　　風骨凜然。此詩乃生命「脫胎」之證，用字質樸，直抒
　　　　胸臆，完全一氣呵成、真情流露，毫無斧痕，滿腔積愫
　　　　化為幽幽長歌，也有李太白仙風道骨之感。出語高妙，
　　　　一派自然，揮筆題詩，鄉愁悄然心頭，我輩讀之，已不
　　　　知何時也一腔起伏了。

略看「虯髯」

今天，再度回校代課。

走出捷運，往青島東路學校後門走去，已沒有初次回來的「惰怯」。

穿過熱鬧滾滾的早餐店，穿過操場，我想先去探望去年代課的班級。

高二國文的進度，目前是《虯髯客傳》。我回味著：當年上這一課時，曾如何被文中那遊龍般的「俠」氣所吸引。且思索著：在「形式」的講述後，如何為這篇內容點睛？

這顯然是有心之作，有心非在「天命所歸，不能強求」的政治意識；有心在塑造如是之生命形象 —— 在詭譎的江湖裡，站著一個「橫空出世」的身影。

他可以衝鋒陷陣、過關斬將，將一身本領，付之長嘯；他可以洞燭事實、決然脫身，以滿腔俠情，揮向蒼茫。

作者杜光庭在大半退隱的人生中，竟創造了一個如許奔騰、馳騁的人物。

他是虯髯。他看似連番「失去」，卻站穩了自我主宰的腳步；那「認輸」上的自處，令人擊節！

這篇文章，非點亮這個靈魂不可！非待讓同學感應 ｜ 這一個角色的境界何在？那種進退的氣概、成全的胸懷，才是濶步宇宙，不羈不絆、不沾不戀的力量吧。

人生榮寵多偶然，孤冷乃必然；難讓而讓，難捨而捨；不以恩怨繫心而負氣，不逞能以興風作浪，這等姿態，令人神馳。

英雄要在器識。可為，則一夫當關，捨我其誰！不可為，則高蹈場外，飄然遠去！無可如何之際，高舉他方，那一個天空不

可飛翔？

　　前人云：「擬話本以抒孤憤，假小說以寄筆端」。明天，一定要問同學：本文所「寄」為何？

〈赤壁賦〉餘韻

一、

　　時序在秋，讀「蘇子與客泛舟遊於赤壁之下」…，如臨其境。

　　且邀同學們同遊，喜孜孜迎故人、欣欣然訪秋景。想像那「清風徐來，水波不興」、想像那「月出東山，徘徊斗牛」、再想那

「憑虛御風，不知所止」；忘我、忘情，終出樊籠；俯仰天寬地闊、胸中渣滓盡消。

　　扣舷而歌此時，何以陡生愁緒？歡樂戛然而止，悲哀悄然而襲；心底的那根弦為何而動？簫聲嗚嗚——廟堂不可望、壯志難為酬！

　　「遺世獨立」不可得，「寵辱得失」絆心頭！逐客心懷，委屈難平！餘音嫋嫋中，聲聲都是「如怨、

如慕、如泣、如訴」！

這是生命的脆弱吧、這是憂患的餘悸吧！飄飄然，旋踵間，竟惘惘然、悵悵然！

在蘇子未正顏發聲前，我請同學們先聯想〈岳陽樓記〉「晴喜」「雨悲」的境地、「不以物喜、不以己悲」的境界、復思〈黃州快哉亭記〉的覺悟與實踐。

生命如何由「耽溺」而「自拔」？如何也俯首看自己的「心路歷程」？

二、

缺月掛疏桐，漏斷人初靜。誰見幽人獨往來？縹緲孤鴻影。

驚起卻回頭，有恨無人省。撿盡寒枝不肯棲，寂寞沙洲冷。

今天，在〈赤壁賦〉課後，我補充此詞。

且看那孤鴻逆飛南荒，風雨愈大，天地益廣。「獨往來」「無人省」，自傷之中，猶有承當。詞間心有憾、境淒冷，卻是蒼茫獨立、浩浩宇宙皆在懷中！

幽憤、孤寂，皆人生原型；東坡屈伸其中，姿態別具；本色加上涵養，於千迴百轉中添多少姿采？幽憤成詩、孤寂成篇。

三、

心似已灰之木

身如不繫之舟

問汝平生功業

黃州惠州儋州

這是東坡自題。語平實、意深長。

曾是如何洋洋灑灑寫「上神宗皇帝書」，讀聖賢書，當仁不讓。

卻是才高見嫉，學富遭妒，被誣下獄，屈辱難當！

課堂上，我先介紹東坡時代背景、生平梗概⋯。

我強調：讀其詩文，想見其人，真有「一唱三歎」之感！其屹立文壇，光芒渾涵百代的特質爲何？

有人說：「一切至文，乃血淚所鑄。」有人說：「德慧術智，乃存乎疢疾。」⋯。它們如何化入生命？東坡曾有一言贈友人：「細思卻是最宜霜」，是否亦爲其自畫？現代散文家余秋雨先生有數語稱東坡：

「他成熟於一場災難之後

成熟於窮鄉僻壤

成熟於孤獨⋯⋯。」

這幾句言近旨遠的、繪出東坡在史上的靈動身影 —— 頻頻讓人追索的身影。

我嘗思：境遇由天不由人、心態由己不由他！

東坡「突圍」，於詭譎世事中，走出了自己的步伐！他雖歛盡光芒，仍有壁立千仞，令人企望之概！幽恨難禁，仍天機颯爽。

「黃州惠州儋州」，苦難的歲月凝煉了經典之作。

「已灰之木」，念念可以騰焰；「不繫之舟」，大得江山之助。令人目不暇給的東坡，終能擺脫幻滅、超越失意，在命運捉弄中回首揶揄命運、在人生「狹縫」中，開闢他無邊無際的精神世界；任情率真地活著「行於所當行，止於所不可不止」的酣暢人生。

〈赤壁賦〉別思

吾昔有見，口未能言。

今見是書，得吾心矣。〈東坡讀莊子有感〉

東坡讀莊子，如空谷見幽人。識者識心，深者見深。

同一個靈魂，不同的情姿，在千古時空中輝映。

東坡乃「情種」，一生愛家愛手足愛友人愛社稷愛蒼生；他時而剛健不息、時而意緒蕭索；昂然、黯然，出此心、源此情。

東坡亦書癡，無書不讀，胸羅萬卷，左抽又旋，無不如意，觸處生春，文思成潮；他以詩文見重，書畫亦稱大家；有老天眷顧的才華，也因此而不時罹禍；豪放不羈是他的性情，助他自我救贖；曠然天真是他的天賦，助他超越淒苦；領受人生無告無訴之苦，他反而更灑落地任運自然！

儒家內聖外王的價值，他並未動搖；道家安時處順，他心有戚戚；佛家苦空無常，他是淪肌浹髓；悠遊於無邊無際的生命智慧裡，造就了他清明的雙眼和騰升的心靈，即使「淚千行」「古難全」，也隨時可見隱隱然挺立的肩骨。

他不必法莊子，他們聲氣相通。「今見是書」，他看到超邁中的悲憫、嬉笑中的沉痛、看到自由如飛鴻的生命，也有破網遨遊的掙扎；他看到至人至情，隻立千古的身影；他欣賞、疼惜、讚嘆、鼓掌！

東坡「縱一葦之所如，凌萬頃之茫然」以順天命；劫難之後，亦悟人生無可「執」，般般「由自然行」，盡性以盡命。

「世事一場大夢，人生幾度秋涼」走過方知況味，且盡樽中之酒！「相與枕藉乎舟中，不知東方之既白」塊壘已去，無得無失，放眼天地萬物，一切渾然為一。

大家來、大家去、各自遭遇、各自承受；今日相逢且盡歡，明朝歸去，各自珍重！

在「行禮如儀」，分述賦體流變、東坡其人、文學成就、後世影響後，在分析文章背景、寫作緣由、議論重點，以及分享全篇收束之餘思後…。我請同學觀察：本文句句是生命哲學、段段

是人生場景。寫景如畫,抒情如詩,詩畫合一,餘韻不絕。

更請同學注意:在全篇樂、悲、喜的層層轉折中,生命亦層層蛻化…。個人歷程,也是宇宙生命的歷程。

我的結論之一是:人生歷練,無人倖免;惟吾人或閃躲或苟安或妥協或妄為…;紅塵滾滾,百態紛呈;惟赤壁賦裡的東坡人生,卻游刃有餘般,不容框之、不容限之,起伏旋轉著淋漓酣暢的生命氣息!

他不只是逆來順受,他有對人生不變的信念;他不只是安之若素,他有對生命不竭的熱愛。

我在課堂上,逐句朗誦,請同學們領略聲情之美、義理之富;閱歷不足的少年郎,正可以其純真無染的赤子心,感受返璞歸真的晶瑩,感應一代文豪,如何在曲折的際遇中,或徐行或闊步的以對人生。

他不是遁入自然,求助風月;不是依附史事,以相慰藉;種種自我的探索,固然留痕於篇中,但,深扣人心的,實是他無痕的深衷——

小舟從此逝

江海渡餘生

他是清醒的歸去,千磨萬擊都奪不走的清醒。

我於課後,回辦公室,內心猶不可抑…。思東坡、思莊子、思人生;想生命光輝如彼,但亦不免感「人之生也」那不可切割的葛藤!

隨意揮筆,豈能盡意?輾轉是個人之見、個人之懷,聊作排遣而已。

不能不寫

一日之聲氣相孚，終身之肝膽相照。

什麼是師生？一言以蔽之：心心相印。

三十年前，我是不知世事艱的夢想家，漫漫歲月後，我依然有天真的夢想。

不敢問：三十年後再來看我的妳們，看到的是怎樣的老師？

我好像沒有進步。依然如當年，可以仰天騁懷、可以俯首傷感；偶或壯懷激烈，擔起古今之愁！不自量力以為能做什麼；偶又退處一隅，靜對一盆小樹，感謝它一葉一花給我的無限啓示。

我看著妳們，不敢置信中間隔了這麼久、這麼久…。

我竟給妳們看到 ── 一個某部份始終未變的老師。

原諒我今晚行止失措，竟連一杯茶水也忘了倒；我忙著看妳們、忙著找三十年前的模樣、忙著感動、忙著…按捺內心的起伏、忙著「欲說還休」…。

我語無倫次的說著「師友之道」：是人生遇合最好的因緣，是人生安頓最大的力量；那心智上交會的火花，是人生的美麗與幸福。

這悠悠歲月，讓妳們都長大了。妳們多已為人妻、為人母、也各有一片天地了。妳們的一切已超越老師，妳們來看一位仍動輒紅了眼眶、仍一逕懷著夢想；又不時「避世」的老老師……。

今天氣溫陡降，風特別強；妳們在三十年後的同學會後，遠赴淡水來看我。

曾經相印過的心靈，有著歲月侵蝕不了的美，閃亮在內心一角。

迎著妳們，我雀躍、我情怯……。我知道，曾經共渡過幾百

個、近千個朝暮的師生，會是怎樣扣擊著我的心弦！

　　我該休息了，但我一定得寫幾句：孩子，妳們長大了！我，竟沒有進步！一如往昔，脆弱依舊……。

分　享

　　我剛從汀州路王貫英圖書館回來，我必須把剛才的感動留在這裡；雖然這是一個有風有雨的早晨，從淡水出發的我，到會場已淋了一身的濕。

　　我不以指導老師立場出席，我以一顆素心前往。

　　感謝大家熱烈討論，在場每一位都誠摯發言；十餘人聚在一起的讀書會，竟使偌大視聽中心毫無空曠之感；兩個小時竟也在我細細聆聽，還不及傾身深談中，就過去了。

　　我在此回想談話中的幾句重點：

　　一、勇敢翻開自己這本書，肯定自我在在人生歷程裡茁壯。

　　二、生命也待「去蕪存菁」；發揮天賦，了解侷限。

　　三、心慕寬柔人生，秉此一念，縱浪大化。

　　四、理性觀照失落，享受偶然姿采，回歸日常情趣。

　　五、至愛無悔、至愛無怨；親子間是「一生的戀愛」。

　　六、洞察「此時此刻」的價值，如今日之聚，即「美麗當下」。

七、「我所有的，就是學習」，此乃信念，充滿希望。

八、「胸懷」最可觀，不在是非恩怨中討公道；登高望遠，千絲萬縷頓解。

九、「調節」乃「剛柔」「進退」「動靜」的平衡，也是優雅自制、堅強改變、沉潛待時…。

十、大家對書中「痛」那一篇，深有感觸；人生至痛在「無告」、在「悔不及伸出援手」…。痛，對人是憬悟「付出的有限」，對己是「時光的蹉跎」。

謝謝你們讀到「給得出的人，無畏辜負」、謝謝你們重新審視「性本善」到「性乃遷」的永恆啟示、謝謝你重新思考「生命的意義在創造宇宙繼起的生命」。〈以前視為八股，而今心有所動…。〉更謝謝你們在領悟人生「無來無去也無事」…能聯想聖嚴法師「無事忙中老，空裡有哭笑」的悲智無盡。再謝謝你們了解「閒看花開花落」的「閒」，不是「無所事事」，而是與現實略持距離…；謝謝你們思考「延伸」的觀念，不斷嘗試，不斷開拓…。

這風雨連綿的上午，汀州路王貫英圖書館內，充滿了人性的馨香，至今猶在心目間。

我不自量力，效法古人「贈人以言」；實在太嚮往「有意義的生」「有價值的活」。願善的交流、美的交會，充滿人間。

想　念

元旦下午，我還在唉唉叫，鼻水不止，頭昏腦脹…，想著晚上的喜宴是去不得了…。

但是，我想念偉哲啊、想念 324…。怎麼辦呢？

偉哲回國完婚，他在電話中同時唸了好多名字，一個名字，

是一個回憶，連串回憶，如聲聲呼喚！

　　五點鐘，淡海大概不到七、八度，我從床上跳起來；抓起一件大衣，頂著寒風，奔向車站。

　　一路上，都是昏沉沉的吧！在圓山等飯店接駁車，又發抖了半小時。趕到飯店，一眼就看到國豪！然後，看到威養、俊傑！再看，那是家鉅、是豐贊！那是思宏、是政賢！是銘德、是鴻裕…！然後，見到眷民、見到凱程…。

　　十二年未見的學生，他們改變了多少？我又改變了多少？

　　三十而立，我為他們能有所立而慶而賀！

　　另外的同學們呢？大家好嗎？都好嗎？

　　我東望西看，想找回記憶中一些生澀的、十八歲少年的模樣神情；惟眼前各個學有專長、沉穩大方；倒是我「情怯」，恍然十二年的光陰竟似一瞬！

　　席散，凱程送我到圓山捷運站，我和俊傑一路談著，明德站下車時，他回首向我招手…。

　　324，我不知道這十二年，大家各自經歷了什麼，但必然各有不同。

　　我印象中，還有雲太、展宇、思鴻、哲良、隆勇…，還有英裏、伯偉、禹志、承中…，還有家銘、伯任、安邑、俊喬…；沒有被我點到的同學，一樣受我深深的祝福。

　　回碼頭的路上，我又咳得不停，但腦海中起伏的都是當年十八歲少年的熱情純真，我真高興能陪伴大家渡過最辛苦也最充實的高三那一年。

　　我想說的是：不論每個同學的境遇如何、發展如何，都有自我的生命價值；老天給每人的功課都不一樣，我們盡力去完成自己的那一份就是！

歲月提供體驗，大家因之成長，或台前、或台後，或不同領域、不同位置；願豪氣永遠在、信心永遠在！

祝福偉哲、祝福大家！

我在元旦寒風中，揮涕而笑！我向自己允諾：要改善健康！我遙祝同學：福慧雙修、安心開心！

我們再體認「愛護」這兩個字

一月十日，崇光女中第一節課：週會，我回到這裡，和高二、高三同學相約聚會。

離開崇光女中，將近二十年了，但，它，已化入我生命的一部份，那是一個我「活過」的地方；有太多歡笑、淚水；太多真情、夢想，在此一點一點的流露、砌築。

我決定花一刻鐘，先叮嚀高三即將面臨的學測作文：

1.我們每天的生活，就等同天天在創作。

2.所有的內容，來自所思所行。

3.所有的辭采，來自性情心靈。

4.唯一要求的是：「真積力久則入」的每日功夫，內容與辭采，需要蓄積與激發。

5.臨場專注審題，確切掌握題意，以素日所讀、所感和題旨結合，必然言之有據、有序、有物。

6.既是試場「作文」，務求結論。尋思探討有得，結論必然可讀。正是我手寫我口、寫我心，由衷而吐，即為佳作。

素材再廣，不必徬徨，知津之道，只在熟讀；切勿望書興嘆，此刻就踏踏實實的在課本內下功夫。「書讀百遍，其義自現」，心領神會，自然可助判讀文意，或加引用，為文增采。

我主要的講題是：我們再體認「愛護」這兩個字：

一、愛護是什麼？我們要在平常的字眼裡作新的觀照、省思。

二、我們如何在每天面對的外境和內境中，實現「愛護」？

三、「愛護」一念，源自本心。自發的生命光輝，映照彼此。

四、愛護，乃由內而外，由己及人；沒有得失，沒有悔怨。

五、愛護，是一種擔當、一種信心；也是一種覺醒，一種實踐。

六、愛而能護，此心澄澈；不勉強不外求，是生命成長的象徵。

七、再看「愛護」，無異重新看自己；受過多少人的愛護？復給出多少？

八、愛護，是當下的表現；一念及此，避免讓人失望、傷心！

九、被愛護的美好回憶，滋養著我們的生命；去愛護的美好經驗，茁壯著我們的人生。

十、每天做一件愛護自己的事、愛護親友的事，行有餘力，將愛護及於更多的人。

十一、愛護，也包括寬恕自己曾有的過錯、接受自己可能的侷限、喜歡自己獨有的特色、追尋自己心中的熱愛。

十二、愛護，同時也是一種回報，回報家人、同儕、學校，這是源源不絕的力量。

容我重複一遍：

愛護的最高表現，就是分享、分擔、理解、成全……，以此純然一念，相護彼此。

謝謝崇光女中，願我們在此，繼續大膽作夢，永不放棄；尋找心靈友人，相互扶持；念念培養自己也珍惜自己；念念成全他人也造福他人；願我們用新的體認、新的步伐去愛己愛人！我們一起同行，在「愛護」的路上同行！

漫步心靈 含英咀華

「漫步心靈」這一部份，以「櫻花」始，以「不是寫櫻花」
終，是巧合；雖然內容迥異。

訪「櫻花」的閒適猶在，「不是寫櫻花」已是「另一個世
界」。宇宙的繽紛與變滅無可參透。

數十篇裡，或多「微不足道」；但，「微」處適可品，正
是我「自珍」所在。

櫻　花

上週，那個煙雨濛濛的午後，我到後山去找櫻花。

櫻花不必說：「我在這裡。」它的芳容倩影早印人心；當春
的氣息稍稍萌動時，人們就憶起了對它的思念。

它只是悄悄地「蘊蓄」、靜靜地「燃燒」；令人驚疑的是：
它開落有期，花顏輕巧，卻散放著令人抵擋不住的光芒！怪乎有
人寫過：「櫻花象徵的不是死亡，而是堅強的生命力。」

它不會錯過自己
的季節，它與宇宙一
體律動；我們彷彿才
剛聞造化唱名，它即
以蓄積多時的能量，
瞬間燃起一身的嫣
紅。

這盛放的一刻，

是櫻花在人間寫詩；它以一朵一朵的綻裂，一團團、一簇簇地寫著：「看啊，我這生命力啊！看啊，我這生命力啊！」

我們為之屏息：好自由的生命、好真實的生命！即使那最後的凋落，也是一種結晶─它未飄零，它具足「永恆」。

它的永恆，在它的花心、它的花魂，它以此照耀人間，撫慰人心。

它這般如時如約的來臨、這般充足的準備、這般恣意的姿態；我們即在此奉獻中找回自己的靈魂。

年年歲歲櫻花開，歲歲年年人不同！也正為「汝身如此美麗」啊！櫻花讓人依戀，原來在這裡！在它充滿原始的清純！那一片清純，也不禁在留連花下的人心中升起！

這山道上的櫻花，只開了這幾株，和其他地區櫻花的數大燦爛相較，它們顯得寥落；但對我何妨呢，無邊絲雨的黃昏裡，它們別繫人心。

一花一世界。歸途頻回首：為汝頌，非為汝惜…。

生命力

這張照片是週日爬山時照的，乍看，感到一股生命力，一股看似平常，卻在樹身裡蘊蓄、潛藏的生命力。

今晨，窗前又迥異昨日，醒來，只見遠山再度眉目如畫，我忽有所感：這變幻的外象與

我們內在的世界，其底層的力量為何？

　　一日一日，天地間麗日與陰霾交錯，我們也順逆不定、悲喜無常，在連番經歷中，是什麼在支撐我們、扶持我們跨越內外的障礙，而終至能坐看日升日落？

　　生命力！它清清楚楚地在此刻—出現在我窗前、在我心中、在我鍵盤上輕舞的手中！

　　容我為它賦新意吧！容我為「生命力」的樂曲譜新的一章吧！

　　我竟想到「庖丁解牛」── 那是何等敏銳的洞察和優雅的自制！將沉沉的重量化為輕盈的舞蹈、將吶喊化為樂章、將苦痛化為詩歌。

　　它是理性觀現實，復感性以對；它是感性看人間，復理性以赴。

　　它是在一點空間中靜靜地呼吸，休養調息，以待來春之滋潤。

　　它是一種無求無待之心，自為「洲」自為「島」自為依恃，在茫茫中思辨方向。

　　那書上的「安時處順」「居易俟命」…，是可以在現實中運轉的生命力！

　　那文中的「窮且益堅，不墜青雲之志」…，正是生命力的體現！

　　若「命運」猝然相襲，長夜啜泣之後，是清亮的雙眼迎晨曦，顧盼間依然蓬勃—這是怎樣的生命力！

　　再想：知人際之間互補的微妙、能調適自我以平和此心、在「平凡」或「殘缺」中依然有快樂…；或能在接受與欣賞中滋生力量，人間豁然「美不勝收」……。這些是否也是生命力的展現？

　　快樂，絕對是重要生命力；不論是工作、感情或生命，快樂投入使生命力澎湃如泉源。

　　人間若真有浴火鳳凰，那些美麗的故事，它們的根源，就是那不絕如縷、若死灰騰焰、枯木逢春的生命力吧！

再看那些充滿夢想、不斷成長、堅定向目標前進的人；或痛下決心改變自己的人—改變生活作息、改變一些意念……，出於覺察以自救，以行動種植希望，努力去做些什麼，為自己寫下一頁又一頁重生、再造的傳奇……。

他們，洋溢何等生命力！

這株長在深山無人識的樹，以旺盛的生命力回報自然；我們呢？我們如何認識並凝聚自己的生命力？不論在那一個角落，我們是否也能盡致地綻放自己的生命力。。

四句真言

朋友在新春伊始，捎來幾句話，細思動容，覺此中有大受用。

一、對不起

二、原諒我

三、感謝你

四、我愛你

這是跋涉之後的回首

這是繁華之後的真淳

這是火焰之後的紅蓮

平易句中，無限深邃

真實語裡，無限力量

深邃是回首、是退思、是悟解

力量在謙沖、在柔軟、在行動

讓我們回歸易簡之善、回歸純真之心

讓我們重新看人生、重新看自己

讓我們俯首伸手、由衷而吐：

「對不起、原諒我、感謝你、我愛你」

從此一點付出開始，必能匯成豐沛一片！

從此一絲悲心出發，必能開展氣象萬千！

時時感恩，刻刻圓滿

無怨無尤，風煙俱淨

至理只是常，淡中有真味；言近旨遠，何等受用。

參一參

今晨，遙望窗前大霧，我讀著一首詩，傳說是西藏第六世達賴喇嘛倉央嘉措的作品，這位轉世靈童出身的活佛，人們神往著他也有「詩人」的形象⋯。

我們來欣賞這一首「情歌」，據說也是倉央嘉措詩作中流傳最廣的一首：

第一最好不相見，如此便可不相戀

第二最好不相知，如此便可不相思

第三最好不相伴，如此便可不相欠

第四最好不相惜，如此便可不相憶

第五最好不相愛，如此便可不相棄

第六最好不相對，如此便可不相會

第七最好不相誤，如此便可不相負

第八最好不相許，如此便可不相續

第九最好不相依，如此便可不相偎

第十最好不相遇，如此便可不相聚

　　但曾相見便相知，相見何如不見時。安得與君相決絕，免教生死作相思。

　　也許，這首「情歌」，是對生命的情、對萬物的情、對宗教的情，寄興於此；同時經過翻譯，或非「原汁原味」……，我們就讀一讀，各自參一參吧！

　　「情」之爲何？一定是「意中人」嗎？「誓死終相尋」的，難道不是此生之信念？生死以之要證的豈非此生之意義？倉央嘉措寫的是情語？還是勸諭、警世之心聲？就以詩歌看待吧！出自靈魂的詩歌，必千秋萬世傳誦。

　　我無力走進藏傳佛教，亦無力走進倉央嘉措的生命，在撲朔迷離中，讀幾首或真實或附會的詩歌；仍大受震動 ── 「活佛」亦如是有血有肉！文學與宗教之融合，何異麗日皓月！

　　我終略有體會：去年訪台的達賴喇嘛，在記錄片裡曾如此表白：「如果我能選擇，我願回到偏遠的山中，像一隻受了傷的動物……。」有哭有笑的生命，都有無以搖動的宿命、無以避之的磨難！生命的內容正譜寫著個人的詩歌和傳奇。

　　常常，大地一片迷霧；人生也一片迷霧；迷霧中的一切，不就是宇宙的一部份、宗教的一部份、生命的一部份嗎？

　　考証留給史家；此刻，我們就各自讀一下、參一下吧。

關渡閒步

　　漸漸體會：生活的藝術，不在填得滿，而在空得多。

　　空得多，在維持一份閒心吧。

　　當然，在工作了三十多年後，才能有機會選擇自己想過的生活吧。

　　不過，留意「心情」如何，才是「藝術」要素。

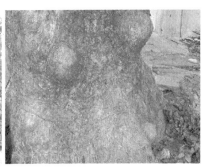

樹下「講古」嗎？ 老樹一瞥

體察生命根源，或能不悔不怨地選擇吧。

那天，在關渡閒步，隨手拍些照片；無意賦予什麼涵義，就是：心一動、手一按。

每一聲心跳，是對天地萬物的感恩。

每一聲心跳，是對悠悠歲月的凜然。

盛衰消長、變與不變、歷史現實…，都是心海裡湧來復去的浪花。

閒步一刻，我自然也是眼前景、眼前人；因緣所繫，悄悄行過。

卻真真實實感應生命中 ── 生生不息地、脫胎換骨地契機。

一個心念一個世界。

盡性、盡命，力量在此。

那麼，所謂「生活的藝術」，在心不在境吧。

心情，不是情緒；心情，呈現了生命的姿采，心情如何，可知人生泰半呢。

時間流逝，一切杳杳；留下的是片片心情、心情……。

當我們又不免為人間煩惱襲捲時，試以閒心，閒步一會吧。

傾聽自我心跳，這真實美麗的心跳、自足自適的片刻，就足夠讓我們偷笑呢！

天然如此

這是今天，傍晚五點四十分，我在住家樓上所拍的夕陽。不同於夏日的絢麗，在濃濃秋意襯托下，日落竟別有風情。

我持的是傻瓜相機，也不知攝影技巧，但，連拍下來，就是抑不住內心的感動 —— 天地自然之美，是如此不吝地向世界展示。

這一刻的「與美相遇」，令人「忘我」；那管明天，或下一時，會有什麼改變呢？

看天地本然如此，有烏雲、有陽光、有晴雨不定、有苦樂無常，天然當下，何等豐富。

且將體察，付諸生活。不造作、不妄求，心自在，生活即自在。

這個黃昏，有濃雲蔽日、有雲開日出；高樓上，有鬱結中懷、有豁然開朗；天地萬物自有無可劫奪的本性本色。

我們隨時和自己和好，於煩惱中自拔；我們隨時和外境和好，接納變遷的現象；只要一片陽光在、只要一分靈性在，今天或明天的陰霾，也許，只是讓我們暫時休歇、暫時潛退、暫時養息……。

秋　心

下午三點，雨勢稍歇，我往淡水礮臺公園走去。

霏霏雨中，踩著一地的落葉，我身躑躅、我心流連。

在一片秋色秋意中，似可觸及秋心。

秋心乃造化以高曠蕭颯之姿，示人靜思、退思。

秋心乃天地以雍容淵雅之態，示人生機、生息。

適逢一人經過，是否能為我留下兩張身影？願題字其上：

　　　樹為我豪友
　　　花為我麗友
　　　風為我逸友
　　　雨為我韻友

午後的公園裡，微風、細雨、群友相環；

秋之別調、秋之妙境，起伏我心。

　秋心非愁，秋之情懷；何可說、何可說！

霧中、花前

今午，微雨。興來欲訪櫻花。車行陽金公路，雨勢轉急。午茶之後，室外大霧；前行未久，四顧茫茫，身在何處？

　此時此際，腦中也一片靜止。無是無非、無恩無怨、無美無醜…，一切泯絕。

　未幾開朗，煙霧一散，櫻花已迎立道旁；我驀然有感、有覺！

　隨即下車致意，樹下揮筆疾書；非詩非文，容意念與落花齊飛、思緒與雨絲共舞！不慮取笑，用誌俗情。

　一、一片大霧迷谷口，渾茫何處是歸鄉？

　二、她說：「這是我當令的季節，一任它斜風細雨！」我說：「這眷戀只在今朝，汝參破否人間寵辱？」

　三、霧非霧，花非花，真幻同源，竟落得悲喜忐忑！

　四、情為何物？即此流連之心。流連如煙似霧，散去無處追尋！

五、花事幾度？客心已老！

六、開落皆無聲，但聞人語響！

七、霧中無所見，此之為勝境。

八、一瓣清香，無家可回！

九、落英難收拾，任它化春泥。

十、花有本心不求憐，人心起伏愧花魂。

十一、盛開時節人絡繹，落花時節誰相憶？

十二、開落無終極，天地造化意。

十三、落紅非解脫，飄零只是常；我未解其意，無事作多事。

十四、花落如雨，無計相留；質本無痕，空惹餘恨！

十五、歸去不留花一瓣，不期來春續前緣！

霧中、花前，隨心亂塗；但覺入山時，雨朦朧、霧朦朧、大千皆朦朧；下山時，哀朦朧、樂朦朧，此心亦朦朧！

惟一筆在手，將這淒迷內外之境，化為數則絮語，或可稍平此情。

今朝有酒今朝醉！花開堪賞直須賞！

問酒醒何處？曰餘香猶存。

開　心

最近體會：開心是一種決心；開心不是條件俱全，不是客觀環境有所改變，主力在生命體本身體察後的實踐。

不必堂皇將小小的、平實的決心，擴而為什麼「哲學」——創造什麼「苦澀中的甜美」「艱難中的壯麗」…等等；就是直視：我為什麼不開心？

是的，不借助任何理論、不上下求索找支撐、不希冀困難豁然而解…；在所有真實的存在裡，下一個默默的決心 —— 不論能

做到多少，這一刻、下一刻，我們想要開心！

這一個開心，不是解決了什麼、獲得了什麼；所有一時的「興奮」都沒有力量；這個開心，是以自我為根源、是重回本我——撥雲見日，生命的本然風光重現。也就是：唯有自己才有足夠的力量開心。

這個足夠的力量，也可說來自仍然被感動的心、仍然柔軟的心；即使天地灰霾、步履蹣跚、心境沉重…，仍看得見世間風景！看得見宇宙大地、萬事萬物、乃至自家生命…那本然之美。

看到那一點美，再由這一點美，進而看到光，由一點光進而感到溫暖，這就是力量的源頭、開心的源頭。

源頭不就在自家心中嗎？只有那顆心才能「發大機、起大用」吧。

可是，我們的心可能疲憊、可能枯槁〈什麼能滋養我們的心呢？〉…，如何開心起來呢？

是不是那顆心黯淡了、放它在是非恩怨中被折磨太久了、隨它在得失成敗中被擠壓太久了、坐視它在人生層出的兩難中被扭曲了！心，浸在苦汁中，透不出一點靈光！

它，會直直墜落攀爬不了的深井！

或許，憬悟開心是可以求之於己的，就可以一躍而出！躍出的力量在真誠面對一切——即使在七零八落的生活中，也能重尋

一絲生機、重建一線希望。

這一絲、一線的生機與希望，就能重整我們的生活吧。

沒有貪求，每一天裡小小的、平實的開心，來自默默的、堅持的決心。這很足夠、足夠了！

馨香〈一〉

今天，第一天到聖心女中代課，教室洋溢著十七歲女孩的氣息。有一瞬間，眼前時光翻飛，晃得我站不住腳！

定下神來，愛班的窗戶外，大片的綠意在陽光中閃爍，樹影光影交錯是天然的畫作；教室內整潔怡人，迎著我的也是一雙雙晶亮的眼神。

我走向她們…，一步一步地喚回了熟悉的感覺。雖然，教室裡已不是男孩的面孔，重新回到一群女孩中，陡然有一股什麼…從胸臆翻湧到眼眶；我立刻轉向黑板，決定這節課，直接為她們復習 —— 或是再審視 —— 什麼是國文課？

我不能只是講述：

國文充滿人文智慧

國文滿溢生命活水

國文是滋養性靈的課程

國文是開啓心智的科目…。

也不能只是介紹：

它是歷史文化的學問

它是文明進展的學問

它是義理、詞章交輝的學問

它是真、善、美合一的學問…。

我看著一張張稚嫩的臉龐，開口吐出的是：

我們一起學習，真好！

我們一起分享，真好！

有國文陪伴我們，真好！

至於那如何「知體系」、如何「識途徑」？如何循序探究、靜心涵泳、切己體察、驗證實踐？且慢慢來！

今天，雖是第一堂課，哲人、文人的行誼、情懷，已然如潮；我且按捺相應相求的波動 —— 國文是需要時日去浸潤、感染的！

這堂課，進度在「指喻」，我不必讓「方孝孺」 —— 這位明代的讀書種子，急著向我們訴說「明王道，致太平」生命志業！

我先請她們試想：朗朗天地中，靈氣所鍾的歷代人物，是如何自覺自立以活出一生！

他們的傳奇、他們的影響…，就是國文課本中的精金美玉、民族文化生生不息的泉源！

我望著這些可愛的女孩，說著：天地間自有馨香……。

二孝的教室旁是郁郁青青的桂花，二愛則是濃蔭密佈的綠樹；多麼幸福的孩子們啊！願我在此數週的停留中，能為她們傳唱幾首萬古不滅的生命樂章！

馨香〈二〉

〈聖心女中校園〉

不曾見過一個學校可以如此天然！

上完課，下午兩點。不急回家，天色正好。

且往山坡上走，這四月晴日，處處是召喚。

今天的新發現，是教室的走廊旁，即有一株結實累累的枇杷樹。伸手可及，清香可掬。

我走向校園中的「大學之道」，聯想「日新又新」，尤感親切。

很意外的，我竟在校園內彎進一座「森林」，茂密林中，鳥鳴不絕。游目四顧，置身何處？

校園裡「聖心會」處，饒具別致。櫻花雖已落盡，果實掛在樹上。

再往前行，柚香四佈；復前行，竟有菜圃；續行，入眼是落葉鋪成的小徑。

我信步走、隨手拍，以欣賞以愛惜以感謝，向校園中一草一木一花一石…。

靜看如此天然姿容，胸中塊壘逐消……。

四月天，聖心園

湛藍四月天

校園似乎也在微笑

尋找寶藏，時有驚喜

進來的第一眼

我在舺舨上欣賞校園

充滿靜穆之感

今天，終於來到「船屋」

校園巡禮

這是綠拇指園地

兩樹交錯如拱門，對面是圖書館

隨著時間的改變，
我們要調整既有的觀點。

Times change, and we must
change too, and modify our
views.

自由而開放的心，
才能帶來快樂。

Only a free heart is happy
in this life.

喜歡走廊上這兩句話

這是仙人掌花

階旁，這株小樹像在迎賓

昨天照的，今天已全謝了

柚子花已經落盡，櫻花樹的果實也無蹤了

這一株是從石縫中長出來

在聖心代課，一週後結束；今天午後，我再度走向校園。

留下幾張照片在此，會懷念這個綠意盎然、處處生機的地方。

天冷就回來〈一〉

昨晚，朋友寄來這首歌，我們一起來欣賞它的詞曲。

曲：<u>梁文福</u>

詞：<u>梁文福</u>

編：<u>黎允文</u>

從前對著
收音機　學唱
舊的歌
　我問媽媽
爲什麼　傷心
像快樂
　媽媽笑著
說她也不懂得
　我想出去
走一走　喔
媽媽點點頭

天冷你就回來　別在風中徘徊
喔　媽媽眼裡有明白　還有一絲無奈
天冷我想回家　童年已經不在
昨天的雨點灑下來　那滋味叫做愛
嗚　別在風中徘徊
嗚　天冷就回來
漸漸對著收音機　學唱新的歌
我問朋友爲什麼　作夢也快樂
朋友笑說　她從不相信夢
我想出去走一走　喔　朋友點點頭
天冷你就回來　別在風中徘徊
朋友的眼裡有明白　還有一份期待
天冷我想回家　年少已經不在
今天的雨點灑下來　那滋味就是愛
現在對著收音機　聽自己唱的歌

我的他問為什麼　幸福不快樂

我微笑著　說我也不懂得

他想出去走一走　我對他點點頭

天冷你就回來　別在風中徘徊

我猜我眼裡有明白　還有一絲無奈

天冷他沒回家　我仍然在等待

明天的雨點灑下來　那滋味就是愛

嗚　別在風中徘徊

嗚　天冷就回來

我靜靜地聽，心，被輕輕地、輕輕地，撞一下、撞一下…。

天真笑語的童年

展翅欲飛的年少

默對世事的今日…。

在柔柔的歌聲中翻轉。

轉出生澀、轉出驚嚇；轉出追尋、轉出期待；轉出山重水複、轉出千迴百折…。

令人欣慰啊！

抖落恩怨的塵埃、拭淨是非的渣滓

錘擊後的心靈

閃亮著：通透的人情、寬柔的理解、釋然的自在。

閃亮著：是當年母親眼中的明白和那明白中的一絲無奈！是朋友昔日眼裡的期待和那期待中的一抹溫柔！還有、還有自己回眸中兩行滾滾的溫熱…。

因為懂得，所以原諒；因為懂得，所以懷念；因為懂得，所以守著、守著舊夢、新夢…。

從前，有多久？走一走，有多遠？

是否不憂人生短？是否不懼等待長？

愛，是這般滋味！這人生啊，真只能輕輕唱、幽幽囑：

「天冷你就回來，別在風中徘徊！」

天冷就回來〈二〉

你等待過嗎？

你被等待嗎？

等待的心情，如何？被等待的情況，又如何？

我們常以為，前者是悲傷，後者為幸福；但有時候，苦澀蘊藏著甜蜜，甜蜜掩藏著苦楚。

每一個階段，等待的不同；小時候，我們等爸爸媽媽回來；長大後，父母等子女回來…。

然後，我們經歷世事，面對無以預知的等待與被等待；我們或陷落其中，或無所察覺；有時，我們無力判定，它們，在我們的生命中，佔了多少份量！

「天冷就回來」的詞曲中，也迴旋著這兩種況味與情境。

當母親的心墜入無際的等待，兒女已遠颺何方？

當兒女憶及倚閭而望的雙親時，能有多少補贖？

當所思所懷漸行漸遠、欲覓無踪，這又豈是「無奈」可言？

「別在風中徘徊」！朝等待與被等待的方向歸去！

某一角，有一盞燈在等待；某一處，有一杯茶在等待！

讓它消失、讓它消失！化為感恩的手，伸向等待的人！

等待與被等待，已耗去了太多人生。

當然，若能無悔無怨於此、心滿意足於此，是各人機遇與選擇，如人飲水，冷暖自知，又是另一個「承擔」的境界了。

造化的劇本不容人作結，我們總是互換著角色和位置演人生這齣戲。

「黑天鵝」說什麼？

如果，最大的輝煌，繼之是無底淒涼

如果，極至的完美，結果是永恆終止

如果，整全的投入，終來是一片碎裂

這樣的探討，是否太冷峻？

人生，竟是燦爛與荒涼並存、天真與邪惡交互、固執與脆弱同體、希望與絕望廝纏…。

這樣的呈現，是否太沉重？

我更想問的是：「巔峰」是什麼？

昨天傍晚，我和女兒相約看「黑天鵝」；我非為

影評人，只抒寫自己的感觸。

影片前身是舞劇，乃大家所熟悉的一齣淒美愛情故事。改編之後，編導的功力擴而爲更深廣的檢視：

人性的差異、對立、隔閡、扭曲而混亂而崩解的必然。

人無溫暖的扶持，只逐一己之私；人無理解的相惜，只逞一己之慾；以及沒有愛的冷酷脅制、各自生存…。

人走不出自己的失落、挫折的陰影，不自覺的相互施壓。

一意孤行，不識外境，無以自主〈表象是堅持〉，終至回不了頭…。

極度的壓抑，產生同等的反彈；忍吞和爆發，都走向極端！

無法面對自己 —— 無法面對被取代、被棄置的可能；不能接受事實；首席與拔尖的光環成了唯一的依恃；變化之際，失衡、失據、恐懼、否定…而至自殘！

劇情，即渲染著這樣的氣氛 —— 人性有侷限、好景有時限…，但，人人仍撐著「我不弱」「我不服氣」…的心理，或找羔羊、或尋庇護…。

我一邊看、一邊想著：

人，不能以更大的痛苦來壓過痛苦、不能以更大的邪惡來壓過邪惡，那是無可免之的「分裂」！

也許，片中只是一個單純因競爭而致扭曲的世界。每一個相關的人都以自身的扭曲強加於人，形成集體扭曲，片中悲劇昭然，不是最後的真實嗎？

的確，人類因夢想而偉大，但，人類也會因夢想而瘋狂；一念一行的衝撞相續，會步入那一個方向呢？懸崖前能容及時勒馬嗎？

是否大多數的生命都在走不同內容的「不歸路」？

也許，影片也有這樣的思考：

不能體察真實的自己，不能勇敢的回歸自己；被欲求逼著、被誘惑追著…；必至失控！如何承受那如決堤般的衝擊？

那怎麼辦呢？

人，不能靠意氣撐著，也不能靠意志挺著；失衡的心、不安的心，似進退不得，無路可走，乃至明知前方有黑洞，也心智昏沉的縱身一躍！

人，的確會把自己逼向這樣的絕境吧！

很多報導，把這部影片歸類為「驚悚片」和主角精神分裂的過程。我則看到影片涵攝很深廣的人性探討。

它以驚悚的鏡頭，呈現「黑暗的心」的結局！

它呈現在巨大衝突和撕裂中無以自助和自救的事實！

它直指人在自以為步步邁向巔峰時，已超越極限，步步的趨向毀滅！

她完成了自己嗎？

這不只是一部單純的芭蕾舞星的劇情片；群體中的生態、人際間的艱難、各類處境的窘迫…，編導都有心的想揭示出來。

正負之間，只是一線之隔；黑白之間，也是間不容髮；天使與魔鬼、純潔與邪惡，常在轉念之中；不敵誘惑、不敵心魔…，竟真成了「註定的悲劇」！

如果，只有一個活著的方式是完美的，那麼，這個為完美而付出的代價，是贖不回來的！

片中的主角，打破了自己，也重塑了自己…；可惜，在撕扯中她身心都力竭氣盡了！

她，以什麼換得了巔峰？

〈王者之聲〉的力量

相較於〈黑天鵝〉影片會不時令人冷顫，這部〈王者之聲〉卻有著十足的溫暖。

即使背景是多霧的倫敦、戰時的英國、患有嚴重口吃的英王…。

即使故事裡，也有受創的童年，屈抑的心路和逃不了的命運。

即使不論如何努力，關鍵時刻，那抖動的唇、脹紅的臉，在無聲的螢幕上是那麼的強烈！

我坐在電影院裡，仍然感受到從頭到尾那或淡或濃的暖意，以及那光明與希望的流動。

這些，從何而來？

不是因為它被拍成為一部「勵志片」，事實上，它被拍得心裁別出、如詩如歌。

不是因為它講的是一個真實的人生 —— 一個克服「缺陷」而贏得敬重的故事。

那個令全場靜默、全場微笑的力量何在？

在男主角的特質 —— 透過憤怒離去的身影、透過投入妻子懷中的傷心、透過唇間抑不住的恐懼…，在令人屏息的強烈情緒中，他仍讓觀眾看到一股任何苦痛也壓不下去的特質。

因此，來自柯林佛斯的力量、來自他所呈現的喬治六世角色的力量、來自優雅的節制、來自節制中的細膩與磅礴、也來自率真自然、親和又堅毅的承受生命的態度。

他不是克服障礙，他是接受試煉，他是在重重試煉中蓄積著生命的光芒。

男配角 —— 那位別具一格的語言治療師萊諾〈傑佛瑞羅許

飾〉，感人亦不多讓。他鮮活的在片中點染，點染所至，一片生機！

喬治和萊諾在片中相得益彰，喬治打開心靈，萊諾真摯關懷，兩人互稱朋友一節令人動容。欠缺學歷、沒有證照、非「系統」出身的治療師，以他對生命的理解、同情與熱誠，燃起一身的活力，幫助喬治找到根源，幫助他從內心的幽暗中脫身！他演得淋漓有致。

因此，萊諾在片中出場的每一言語、每一眼光、每一舉動…，都是力量！

這部影片，不是沒有陰暗，但就是讓人看到光明；不是沒有困頓，就是讓人見到希望；不是沒有焦慮，但仍讓人平靜下來…。

在濃郁的氛圍中，靜靜地看、微笑地看，感覺無限暖意，就是它的力量吧！

我看「三個傻瓜」

陰暗的土地上，依然有奇花異草！

苦悶的現實，拘限不了生命自在地生長！

那天午後，看了「三個傻瓜」一片。我幾乎未留意它長達三小時。我盈盈笑、默默淚；看著它放射著昂揚、希望的光芒，看

著它在瞬間裡，令人心痛如絞。

片名曰「傻瓜」，卻有「倒反」涵義。或讓觀眾思考：「識時務、迎潮流」才能成功、才是菁英嗎？傻瓜找到自己，有自己的立足點，是否更快樂？

編導演員都令人喝采不置！揭露現實，心慕理想，都洋溢著傻瓜般的熱血、熱淚、熱情、熱愛…。

明明是一部鼓舞人心的勵志片，明明強調公理、實力、真誠、情義、創造、活用的價值，卻沒有說教的氣味。它，就是敲人的心弦，或輕或重地敲！

明明是撻伐僵化的制度、人心的侷限、表象的荒謬…，以及剛愎自是的可怕和以教育之名行「扼殺」之實的殘酷；但，不斷透出亮光，讓人相信：明天就柳暗花明！

三個傻瓜，有看來桀傲不馴，只是賣弄聰明的學生；有只是順服、只是恐懼，成了「扶不起的阿斗」、成了「學無所成」「業無所就」的「無用之人」；但，

他們愈挫愈厲，衝決奔突中，他們在學習 —— 學習用眼觀照、用心體會；學習突破自我、認清環境；他們在連串壓力中迎向成長！所有掙扎的苦汁，都成了生命的滋養！

傻瓜之一的「法涵」與父親對話那一段，「剖心」互動，美到極至！本片之令人破涕為笑，就在它始終有「互動」！師生互動、父子互動、朋友互動…，因此阻擋了後續的悲劇。片中很多細微之處，編導未讓它們被激昂的劇情、熱鬧的歌舞所掩蓋！

傻瓜之二的拉朱，在絕望中一躍而下…，迴環反覆的「我們不會放棄你」的歌聲，彷彿也出自我們心底！拉朱是片中最無自信、也最多恐懼的傻瓜；最後終能很清楚、很坦然的面對自己，他在應徵工作時說：「我是斷了兩條腿，才學會站起來！」令人屏息以聽！

藍丘那個大傻瓜，一身活力，滿腔熱情，困頓從來壓制不了他橫溢的衝創意志。他的「一切沒事」「一切都好」「一切順利」的「信仰」，在片中閃閃生光！

光明的地方，不是沒有黑暗；教育的地方，不是沒有戕害；造人的工程，也可能毀人；指引方向之處，也可能是無路可走…。

但是，生命本身就是奇蹟。在經歷害怕、逃避、衝撞之後，生命在蛻變、生命在開展！

終於，找回學習的熱情

終於，揮灑自己的天賦

終於，創造自己的人生

這是一部可以再看一次、再聽一次的勵志歌舞片，在在目眩神搖、不同凡響！「再給我一次機會」！「我要再次成長」！現在，還迴盪不止…。

沒有答案

很多事情，我們想問：為什麼？

沒有答案。

若能從哀憫和生命出發，或能在混亂中有些些洞察、進而有接受或超脫的力量。

近日的「走山」事件，原因可能很多，面對這般逼臨的一幕，我幾度關上電視、默對蒼天。

沒有比「生死」更真實的事！

它在須臾變滅之間，為眾生上了淪肌浹髓的一課。

我們不禁內審：

如何重看人生？

此生做了什麼？

創造了多少幸福？

完成了多少夢想？

在此時、此地，我們也看到空無依傍的自己、看到因緣的暫時和合、看到不由己、無以解的人生、看到春秋數十度，也無非如一場大夢！

看人看己、思人思己…。

人生似乎好長，長的要經歷這麼多事；要認識軟弱、堅強；要理解苦痛、幸福…。

人生似乎好短，短的總不及找到答案、不及反芻品味、不及共享生命…。

現實世界，的確有著不堪忍受的艱苦；受苦的人，如何尋找

出路？幕幕是虛幻、也是實相，覺醒復當如何？

此身若像山野中的塵土，此心豈任其漂流？

變遷不定的人生裡，如何有安穩生命的智慧？

「生死」「無常」是痛苦之源、痛苦之最；卻是生命大轉換之時。我曾在一本書中讀到此句：「體驗失去最心愛的人，可將人帶進最高的層次。」…。

巨大的痛苦可以摧毀人，也可徹底鍛鍊人！

每天每天，瞬間瞬間，四周展現著生命的真實；也許，不要問為什麼？也許，再好好注視它…。

我們在追尋中，學會了「捨」；我們在失落中，體會了「生」；終能認識生命堅強走下去的意義。

為自己再生一次、再造一次！

這幾堂凌厲不容喘息的課程，撞擊著我們脆弱的心弦，在連番「旋轉」後……，此時，是生命的「旋律」響起，在悲歡離合的節奏裡，淚光閃閃中感應了生命的究竟無解、不可思議…。

此時，我們能做什麼、想做什麼？

找回什麼

我偶然翻閱前幾期商業周刊一篇報導，指出：豐田汽車遇到的一些危機，使整個日本掀起反省風潮。

且看文章中，日本經濟學者佐和隆光這幾句話：「在變成已開發國家的道路上，日本似失去了某些東西，而許多日本人想要把它們找回來。」再看這幾句：「京都一所小學，開始要求學生每天必須背誦《論語》等經典，因為只有加強自制力，才能提高敬業精神。」

他們思考或覺醒：企業，不是只在遠景；學習，不是只在成

績。安全與穩定的基礎是什麼？快樂與幸福的根源是什麼？一切，人研發、製造的產品；培養、造就的生命，初心為何？持續的力量為何？更大的價值為何？

豐田汽車本身的檢討是：「豐田不計代價，超越美國通用汽車，成為全球最大車廠後，忘了把顧客需求擺第一，似已無可避免走入衰敗。」豐田社長面對警訊的態度，讓我看到這個企業的轉機。

我專注的是：長久以來，日本許多傑出產業，其南鍼竟多在中華文化的寶典中，若有偏差，能立刻回頭，去找最關鍵的所在 —— 是否是人心、自性出了問題？

在奉行技術至上的產界，這樣的反省，或被譏為高遠不實，無法解燃眉之急；但有視野、有胸懷的領導者，切知正本清源，在俯看自心 —— 一切，立基何處？

找回「我要什麼？」「我的使命是什麼？」「什麼讓我最心安又快樂？」……找回失去的價值—在短暫人生中，使我有光有熱的價值，是旋乾轉坤的關鍵吧。

日、韓很多企業要員工研讀論語；論語言簡意賅，言近旨遠，個人自立、生命共存、人生意義、宇宙情懷…，在在召喚人心；此為基，亦為果，永恆屹立人間。

人的世界皆然。人心、人性，締造一切，乃唯一之所恃；成長即是滋養、茁壯它；反之，一切可在一夕之間烏有。

利益為主的企業界，人性陶養的教育界；都能在古典中謀大利、求大慧；重建信心、重建價值；谷底翻身、逆中轉勝。

我們看自己，需要找回什麼？

滾滾紅塵

剛才，電視台重播一段討論，對象是昔日一位歌壇紅星。

現場眾說紛紜，多揣測或無稽之言，我不欲加入，僅就一位心理醫師所言：「強烈的失落會導致封閉」，略抒感觸。

這不是可以評論的，這屬個人的隱私範圍，社會上對這一點有嚴重的漠視；只問：

何謂強烈的失落？

失去至愛怎麼辦？

一個人，若非親臨其境，能了解他人的痛嗎？

是否對自我否定、對人生質疑、對一切無望，源於一顆太認真、太單純的心？

是否在過度保護下的生命，已喪失了獨力面對前路的勇氣？

這些功課怎麼學、怎麼做？

各人對此必有不同體驗、不同解讀，沒有絕對答案。

早年，偶讀「情深必墮」一句，如雷轟頂，觀照遠近，更加心驚！

我找了這位紅星當年唱的一首歌曲：「滾滾紅塵」；聽著她的歌聲，真感繁華瞬間如夢！

紅塵滾滾處，幾人不帶傷留痕？

人生本是各自來、各自去；偶然交會，互放光芒；照亮彼此的生命，已是莫大因緣；待風流雲散，復各有定數，各自承受。

這，就是人人要面對的「夢醒時分」。「彼一時，此一時」是何等真實。

古今中外皆然─想逃離、想掙脫；一次次的棄絕、一次次的出走；復一次次的回歸、一次次的認命！甚至回不去、留不得！

「人生只是風前絮,歡也零星,悲也零星;都作連江點點萍」,此詞非悲觀,乃人生寫照。吾人不屈從,能拚出什麼?

「無力補天」是這麼清楚!

「安時處順」「居易俟命」都是喘息的機會!「知其無可奈何而安之若命」也開拓了空間!

我們要有「不求補償」的脊梁,但盡心力!心力結晶必有光輝;這一點自信,可以撐起大半的自己!

「強烈的失落」云云…,願能「來則應、去不留」,願能「給得出、捨得下」,此中境地,或得安歇。

他,看透了什麼?

今天這則報導,深深吸引我。

影帝周潤發先生稱「身後將捐出百分之九十九的財產做公益。」

他說:「看透人生」

他說:「我什麼都不想帶走」

周潤發先生在華人影壇活躍三十七年,累積超過三十五億的資產。

他再說:「所有的一切,只是身外物。」

我的心為他而動、深深而動!

何謂「看透人生」?

三十七年的影壇閱歷,累積的豈止是聲名、財產?他曾屢仆屢起、艱辛奮鬥;也曾星光燦爛、風采照人。

我很少接觸電影,但幾次影片中的照面,都令人印象深刻。

我試想:

他是如何在時間中前進、在時間中燦放、在時間中捨下;又

是如何連結影壇這個空間，兩者巧妙運轉；透視了人生虛實如劇，衝破了生命桎梏、自我枷鎖！

在時空的馳騁中，他創造了自己獨特的身影。

我試想：

他凝聚的，其實是他的人生經驗，並從中淬煉生命智慧，助他超越；也助他放下。

他必然瑩瑩澈澈的看到生命原始的、無際的「虛空」──之前一切的追逐、擁有…，都不是最後的真實；之前所有的癡迷、陷落…，也如眼前飄紗而去的煙雲。

人間，竟一無可恃！悠悠歲月的歷練、聲名富貴的光環，在「人生實相」前，仍有終始的無依無解吧！

古今浮世繪，即一幅幅變幻萬千的風雲世界！

遠近現實中，則上演著比戲劇更具張力、令人猝然不及的情節吧！

再問：

他，看透了什麼呢？

不只是表象的青春變色‧體貌衰退吧！

不只是眾生「徇財、徇名」的荒謬吧！

不只是這邊「宴賓客、起朱樓」，那邊「樓塌了、人散了」的現象吧！

前文言「獨特的身影」是指什麼呢？這人所不及的身影，是由高度觀照、清醒、實踐所創造。

這是真正的「成者」──人生可由自己決定。追尋，能全力以赴；退場，也自然而然。

這是真正的「強者」──強毅的不受命運的宰制；柔韌的屈伸於人生之中。

他，必然曾勇敢無比的面對自己，而後，才有如此的氣象面對人生。

曾經迷惘的，而今理解；曾經不捨的，而今灑落；成熟的靈府，一無渣滓；縱有所謂「缺憾」，還天還地還自然！

一切不可復返、一切只合當下。當下念念躍升，不沾不滯，就是乾坤濶步！

人，很小，空間再大，仍很小；心，不可丈量，空間再小，可以很大。

霸凌！

兒子：你寄來最近「霸凌」事件的影片，我看了一遍，理解你的憤怒，我也心情起伏。

很多事件的爆發，只是冰山之一角。

長期的粉飾、虛矯、苟安⋯

長期的冷漠、疏離、對立⋯

長期的長期所扭曲的一切，以各種面貌，存在於社會各個角落。

蠶食著人性、侵蝕著良知！

僵滯的形式，如積塵般覆蓋了希望和溫暖！

影片中施暴的場面，也是社會的縮影。

喝令對方下跪！摑掌飛踢燒髮踹頭！竟出自高一的女生！

她們周遭的大人呢？她們的成長背景呢？

我看到施暴者、被打者、旁觀者…，全部「受害」！都會有不同情況、無法癒合的傷口！

當我在新聞報導中，看到高中施暴者的校方強調：「交給少年隊處理」，受害者的國中校長則說：「我的同學好像很好，她每天都有來上學。」

心，真的痛！

不是把孩子送走、轉出，就解決問題，有時，是因此埋下更嚴重的問題。

為什麼我們不能給出愛

為什麼孩子不能感受愛

為什麼大家都這麼恐懼！

恐懼來自互不信任、恐懼來自互相傷害、恐懼來自沒有安全

我們的四周，的確有很多兩極的狀況

在其中掉落下來的人

惶然不知所從

沒有出路、沒有尊嚴、沒有信心…

何處可以投靠？

現實有「強凌弱」「眾暴寡」的事實

自身又乏自立自強的覺醒和實踐

夢中、醒來，都若驚弓之鳥、待罪羔羊！

為了生存，或吞忍或強霸或盲目衝撞或騎牆搖盪！

良善的根苗，逐日復一日地萎縮了！

「打開眼界」「放寬心胸」「不忍之心」…，成了虛幻的口號。

「將心比心」「設身處地」「心存寬諒」…，成了空洞的標語。

快樂成長，是什麼？

燦爛青春，是什麼？

純真年少，是什麼？

抗爭、制裁、報復…，照社會的劇本搬演！

不及思辨、不及回頭…，成了一顆顆的棋子！

從何學良性互動？

從何避惡性對立？

弱勢的孩子，在孤單中長大、在隔離中長大、在壓抑中長大！

強勢的孩子，又何嘗未有深沉潛藏的徬徨、焦慮和迷惘！

他們都陷入四面無邊的茫茫中，載浮載沉…！

暗夜中的哭泣，無法清洗心靈傷痕！

白晝裡的張狂，或是夜來連串噩夢！

他們不是「不良」青少年！

他們多是「不幸」青少年！

政府說：「要以教育為主，法律為輔的方式，全力防制校園霸凌。」

怎麼做？

相關教育單位說：「要更落實法治教育、人權教育、品德教育、生命教育！」「要培養優質的教育環境」…。

我欲淚！

法治、人權、品德、生命，是用「教」的嗎？是否大人示範，讓孩子們感染、感動、感悟！

當大人們一再以謾罵、凌辱和無所不用其極的攻擊...相互對待時，孩子們怎麼相信、怎麼學習人性的良善、生命的尊重是至高的價值！

他們走出去，即危機四伏！

兒子：我把給你的回覆，寫在這裡。媽媽已離開校園，感覺力量微弱！你仍如小時一般，充滿生命的熱情。

你的憤怒是可以理解的！我因此立刻坐下來...，敲打鍵盤的手已經冰涼，但，孩子，溫熱的心是一束永不熄滅的火種！不要沮喪、失望！永不！

情，維持世界

剛才見報導，有人評考試院院長關中為女痛哭一節，為「個人自私」為「有失體統」；並謂「身為大官沒有約束感情」，是「沒有大官的樣子」。

我坐回書桌，不針對個人發言而談，只想就事件中父親的情況，略抒數言。

首先想起在《林語堂傳》中，曾讀過林語堂因痛失愛女而哭得像個孩子；在乍知噩耗時，那個曠達的、瀟灑的、睿智的、博學的幽默大

師不見了，他投進另一個女兒懷裡，十足地放聲…。

我們不能期待一個浸淫老莊、東坡的學者，在面臨喪女的劇痛中「優雅自制」；或關先生位居要職，即必須顧及「體統」；人各有其位，人心則一。報導中看來，關中父女情緣殊勝，天人永隔，怎忍再責其「感情泛濫」？

勇敢、豁達、理性…云云，在骨血相連的親情中，是不慮及此的！

之前聞關中之妻說：「希望天下子女，不要傷害自己、不要傷害父母！」大慟之中，猶為此言，她庶幾堅強，可也是令人鼻酸的堅強！

關中父愛溢於眉間、溢於蹌踉步伐、溢於哀哀呼告；反覆喃喃「接女兒回來休息」…，誰忍卒聽？

何謂「大官的樣子」呢？人性高於一切、生命高於一切。關中久處宦海，或看浮沉若夢；尤繫念膝下兒女；驟失所愛，失控痛哭，是天性、是本色、是至情；評其不合「官樣」是否求全？

悲劇猝然，失魂落魄，願「哭死以求女復生」！語雖激越，天下父母聞之，只感其沉哀也因之惻惻，復何忍以「非理性」視之？

我以為其哭祭愛女文，可為天下親子讀！且容淚水噴流：「泛濫感情」之說，有「似是而非」的冷漠；此乃感情中事，加以價值判斷！恐怕不只是「恕道」的問題了、也不只是各人間觀點「歧異」的問題了。

「大人者，不失其赤子之心」「學問之道無他，求其放心而已」。本心破除人為壓抑、約制，坦露按捺不住的痛苦奔騰…！何「羞」之有、何「自私」之過、何「體統」之非！

丈夫未必不流淚，深於情乃見英雄氣！天地有無情，無情何

可贖！

久經世事、閱歷人生的人，很多已無淚水；我初睹其顫巍巍地捧著女兒遺照…，已不思合乎「傳統」與否，但感其潸潸不已的淚水，足以清洗天下親子的心、足以清洗社會世道人心！我不必躊躇的說：他的淚水，不只是個人的生命情感，它流瀉著人類共同生存的處境！

人生是如此不可預測、不可把握！再多的愛也揭不開命運的謎底、也無補無救於瞬間的墜落！

有時，真感人生其實就是一團迷霧；我們看到的，多止於表象的身份、地位和順逆…，迷霧中的一切，又快速的變遷；即令迷霧散去，也恍惚有似真似幻的忐忑...。

情不可解、情不可終。這無窮之憾、無涯之戚，縱然深埋，也與生俱存。放聲一哭，無須愧太上之忘情！無須慚體統之不合！「情之一字，所以維持世界」乃深體人生之至語！

不是寫櫻花

「怎麼找到回家的道路？」是這句話讓我哽咽的！

電視上重複地說：這是人類浩劫！是逃也逃不了、躲也無處躲的災難！

我看著「宮城」「仙台」「福島」「岩手」「青森」「花卷」…等名字，濃濃的東洋味裡，有無限的風情韻致！

我想像著之前靜美的田園和海岸

我想像著原有的潔淨街道和屋舍

眼前的螢幕裡卻是一遍又一的強震、海嘯、烈火…的畫面、一波又一波摧毀它們的美麗！黑色的濃煙、黑色的海水...鋪天蓋地、四面八方，那裡還有一寸安穩的土地？

民眾呆立著：「無法回家！」

我也只能呆坐著，俯首怔忡！

我沒有資格說：「至痛無語」「大悲無言」！

雖知人生之不可逆料與不可確定！

雖知世間沒有穩若磐石的東西！

雖知生命沒有永恆的庇護之所！

雖知人力有不可補天的事實！

雖知命運猝然伸來無可招架！

還是惶惑、嘆息，仰天是大大的問號！

大和民族竟是在斷層帶上發展的民族

世世代代生存在危機中的民族

時時、處處，尋找出路、急於「突圍」、擺脫「宿命」的民族

無情考驗中，「浴火重生」的民族！

在危脆的土地上，共命、共存的體認，或是開發、進展和重建的動力，食衣住行的日系產品，囊括了舉世人心！

他們也四處移民，以「歷史背景」養就的本事，在各地拓荒、生根、茁壯！

揮去歷史情結或好惡心態，不爭的事實，讓我們持平看待這個民族。

我們不能忽略：

人心驚慌地時刻，滯困的車流中無人按喇叭；混亂地時刻，大家仍在排隊領水領糧、購買用品；最令我動容的是 —— 一位災民喃喃的說：「我一無所有了！我的民宿、我的家，全沒有了！但我還活著就好了！」

容我再述：

這是一個艱苦與輝煌並存的民族

這是一個在破碎的國土中，仍有開疆拓土意志的民族。

因為，我們看到：憂傷的表情中，有一股冷靜的自持；我們看到：靜默的承受中，有一股凝聚的力量；我們看到：在集體的恐懼中，竟有一股無以言喻的「悲壯」！

他們彼此喊加油！沒有人在此時怨天怨人怨政府怨一切…！

這沉重不堪的苦難也許讓人不遑於一切！

他們大多只是默默落淚、靜靜擁抱！

這是一個我並不認識，但卻看到「有序」涵養的一個國家！

我不想寫：災難之中，財物、生命都是空

我不想寫：生命無以安身、無以安心的沉哀

我也不想寫：備受蹂躪的生命，要如何堅強的站起來

我更不想問：他們怎麼看自己的境遇、是源自什麼支撐他們「同心協力」？

地震當天，我接到數通簡訊，告知我日本強震，或有海嘯波及台灣，囑我勿回淡海的家。

但我一心趕回！家所在的地方，任何疑懼都阻擋不了！

我歸心似箭，因此知道，家和腳下的土地，是人最大的寄託！

幾天來，打開電視，我仍只能呆坐，惟感知心的抽痛 —— 無關情懷、情操，生命相應的苦痛是超越種族、宗教、文化…一切之上！

我更切知：無助生靈只渴求一個「安」字！安身、安心、彼此相安！

是晚似夢似醒中，腦海中浮浮沉沉的慘況中，尚有這樣的畫面：

有一叢叢、一簇簇，在各地相依盛放的櫻花

它們那般努力的開、精緻的開、數大的開…

它們如謎如幻、它們成詩成歌；櫻花樹下，年年徘徊、歲歲再遇；令人眩惑、令人讚嘆、也莫名有絲絲相繞的傷感！

小小的櫻花裡，有多少豐盛的生命內涵呢？嬌柔的花容，是如何在荒山野地裡生存呢？我再度呆立默然…！

點染生活　揮灑自然

　　昔日以為「看盡洛城花」才是生活；此時常思「惜花須自愛，休只為花疼」！

　　願閃閃靈光，塑成生活異彩。

　　願徜徉自然，筆下氣象紛呈。

天朗氣清

且以相片記錄今天。

上午躑躅漁人碼頭。

麗日當空，強風撲面。

海天寥廓，欲說忘言。

棧道上，難得寧靜。

退休時，蟄居碼頭。

日日在此看天際、送落日。

此時漲潮吧？

浪花令人怦然！

碧海藍天，相看不厭。

午後晃到後山，陽光依然炙人。

獨樹，也依然令我心動。

回到自然，渾然忘我。

只是舞動的我，好像在做體操。

蘭亭集序有云：

「或因寄所託，放浪形骸之外…。」

正是此境。

天朗氣清，快然自足。

隨意小札

這個小屋，名爲「一笑窩」。當年居此時，曾親書「一笑」二字。大門一開，它即對我盈盈而笑。

一笑，可以是釋懷、可以是體恤、可以是謝意、可以是欣賞、也可以是一千言萬語。

一笑，是一種清寧、一種蘊藉、一種含納、一種默默承當、一種明白後的平和。

我提醒自己「一笑」、提醒自己─觸處皆妙諦，轉念即菩提。

最想哭的時候，我就這樣想、這樣做。

今天，參訪了沙崙路的「滿足藝術中心」。

當年，曾從紅樹林漫步到淡海，沙崙路特有的小鎮風情，漁人碼頭的海風，都令我心動。

可惜當時「封閉」，朝夕於斯，只是看天看地、獨行獨思；以致與它「擦肩而過」。

可喜再回沙崙時，我推開了它的大門……。

藝術的發現永遠不遲！

午後三點左右，漁人碼頭，靜靜地躺在陰雨中。

雜遝的人群、喧鬧的聲音、乃至空氣中特大雞排、花枝丸的香味…，都不知遺留何處了。

走上情人橋，空無一人的橋上，有不真實之感──有幾秒間，我陷入一種「空幻」中……。

茫茫天地，有你有我。伴，就是相隨；相隨，就是互依；互依，就有安全與勇氣──茫茫於我何有哉？

祈　願

　　今晨，窗前的山隱沒於一片煙雨中。我運動了一會，然後，回到桌前，想寫幾句話。

　　願我能真切體認、力行，珍惜每一個今天。

　　願我或靜、或動，能鮮活地體驗每一個當下。

　　願我能面對並欣賞生命中的一切……。

　　願我能心繫自我生命的成長，成長是最大的撫慰。

　　願我想做什麼、為生命築夢，能立刻計畫，勇敢行動。

　　願我對善的回應衷心感激，對橫逆平常以赴。

　　願我心中無恨、念中無憾；盡其在我，知命安命。

　　願挫折使我慈和、失落使我達觀，不忍常在我心。

　　願我學習：如何調伏、轉化、跨越生命的苦痛。

　　願我理解生命的侷限、脆弱；領受宇宙的微妙、無極。

　　雨勢漸歇，但願此心如雨過天青一般清新，這或許是人唯一的力量。

　　隨想隨筆，且以自勉。

烏來內洞一遊

　　週日清晨，窗外微雨；忽念山林，似聞召喚。久聞內洞，幽林清溪，風致殊異；且在近郊，可半日之遊，於是不稍多慮，奔向烏來。

無關「行樂及時」，且順應此心—在沁涼的晨風中、山林裡走一走，無邊絲雨是最佳同伴；我開懷伸臂，迎向內洞。

內洞的瀑布有三層，聲如波濤。昔人言：山中聽泉、聽濤，別有情韻；我只覺目所及、耳所聞，妙不可言。昔人亦說：煙雨乃「蕭索」，我沐浴其中，但感其清麗，空濛之美，同樣莫可名狀。

山中雲霧繚繞，這雲山之戀，才是地老天荒。我遙望四周，想古今山水畫不計其數，但是否可畫又不可畫呢？天下萬物皆可畫，但如何表達雲山之虛實呢？

我悄悄自語：人間有仙境，仙境中可有高士？是否風雨晨昏，氣象萬千，他也同樣不沾不滯？心凝形釋，這般那般，那有「事」呢？任浮雲去來吧。

這個早晨，我在內洞徘徊的身影、留下的足跡，瞬間已不可尋；但，每一步、每一笑、每一嘆，都是如此真實，它不必刻入生命，它跳動於此刻心中，與山光、與水聲…交會呼應的剎那，是「當下」的極致。

與諸君分享的照片，沒有攝影技巧，未經絲毫修飾；仍盼大家能聽到水聲、風聲…乃至我與雲、與花…的對話、甚至我自怡自悅的當下滿足……

常聞花如女人，女人如花；可我總想：是否女人不再是一朵美麗或易凋的花，女人可以成為一幅永恒、栩栩的畫。

我想照兩隻蝴蝶並肩飛舞的畫面，但，稍縱即逝；即使隨身帶著相機，略一遲疑，情景、情境俱變。這一刻的感覺，捉不住；那一刻的感動，留不得。

非浮光、非掠影。我靜靜看、淺淺笑、深深記。這是一場全心全意和內洞的約會。

瞧！蜘蛛網上的水珠，那是牠的甘泉呢！可惜我簡單的相機照不出那隻小蜘蛛，牠竟在這寂寞的樹梢，築了這麼漂亮的家。

今天下午

午後想走一走，風雨稍歇時，我往關渡走去。

風雨中的觀音山、淡水河、關渡大橋⋯，還有一個默默相望的我。

這些小舟，安靜地躺著避風。

秋行山中

今天，不寫遊記。秋氣、秋味，不必文字。

小樹上好大的蟻窩　　　　　　　　每跨一步，點滴自知

山中有一股「空靈」的氛圍　　　　　披草而進

這些天

　　那天傍晚，我正在書房，偶然窗外一望，遠處竟掛著一輪火紅的落日；我立刻換衣出門，往漁人碼頭跑去，我想追趕，趕在夕陽消逝前，再看它的姿容、再謝它的美麗。我不停歇的跑！喘著氣站在空曠無阻的堤邊，已毫無它的芳踪，只留些些暈紅的霞光在天邊…。

　　雖然，錯過了！站在海邊的我，還是滿足的。

落霞滿天

雨中望碧潭

讓我心跳的一瞥

獨立蒼茫自詠詩

感謝我的家人，在今日和我同遊。

我說著、笑著，迥異平日的安靜。

感謝大家相陪。碧潭、烏來，雖整天陰雨綿綿，但每一滴雨水，都似在滋潤我的心。

也是同氣連枝

此時此刻，還能和父親撒嬌，是幸福。大家笑談一室，是幸福。

在經歷歲月之後，我們終能重新體認手足的珍貴、份量，是幸福。

一起長大的我們，卻各有不同的際遇和變化；曾經，各自忙碌、各自曲折；曾經，躊躇伸出的雙手、遲疑靠近的腳步；曾經，有過挑剔、有過疏離…。

也許，生活的重擔讓我們不遑喘息；也許，是我們對彼此期待的太多…。

今天，我環視大家，只感到內心滿滿的憐惜、心疼和祝福。

「同氣連枝各自榮
　些些言語莫傷情
　一回相見一回老
　能得幾時為弟兄」

令人目不暇給的兩景

靜靜看山看水

自　適

這是我的一天。

晨間，我在此慢跑。午後，我在海邊散步。

雖然，照的是沙崙海邊的一棵枯樹，在我眼中，它亦有無限的生機。

雖然，寒流壓境，沙灘浪高、風寒、雨冷；「我在這裡」的感受，依然讓我瞇瞇地笑。

我靜靜地走、靜靜地聽濤…。

浪淘盡的，不只是千古風流人物、不只是曾在此發生的生命故事、也不只是我回眸中的記憶…。

　　我高興，在和自然親近的時候，我照見自己 —— 會自嘲、自笑…，然後欣欣歸去。

當下美好

　　誰能拒絕冬陽的邀請？

　　午後頻頻看窗外萬里無雲；走吧！約令然一塊，到山中去！

　　令然欣然同行。於是，兩個女人，一個自命風雅〈我囉〉，一個自視妖嬌〈令然啦〉；就在石門青山瀑布的步道上，或一左一右、或一前一後，或絮語、或不言；微風所拂，馨香不盡，游目四顧，風姿無限。

　　且不憂年華流逝

　　且不傷體貌衰退

　　童心猶存，天機清妙，就是自然。內外相應，會心不遠。

　　「我見青山多嫵媚，料青山見我應如是」，嫵媚不限年少！靈魂可以再造！

　　喜孜孜山徑歸來，滌盡塵慮；頓知：惟當下最美好。

與「森林」有約

認識，是緣；欣賞，需要多些什麼；珍惜，更不能少些什麼吧！

是什麼因緣，有這麼一場交會？

歲月已經讓我們理解了人世的聚散，經歷已經使我們不再留連；何況，大家個性、際遇、背景、心境不一。

是什麼繫住了大家呢？是什麼奇妙、成熟的心情、讓我們在這個時候，在各自跋涉後，懂得了欣賞，明白了珍惜；因此，不是客套，不是造作，大家竟有如老友相聚的情懷。

緣起去冬，我們參加台北市教育局海外僑校教學活動，英文貞婉師、數學秉鋒師、生物森林師、自然麗卿師，我們五人，在義清校長帶領下，展開在檳吉台校與吉隆坡台校的教學觀摩。

近月相處，如手如足。同甘共苦，深刻難忘。

二月十一日，我們應森林師邀請，前往他位於苗栗三灣的農莊，這是月前即訂下的約會。

莊園入口處有「薈蔚園」三字，是森林師用雕刻刀，花了一週的時間刻出來的。薈蔚不只晨昏、不只雲霧、不只草木，想必四季景觀、山中氛圍都在其中。

我一進門即見滿地落紅，驚得停不下手，把一旁的含笑花都忽略了！繼之繞樹叢、穿花間、撫菜蔬……，四處張望，目眩神迷！我渾忘一切，只聽見自己不停嚷著：這是什麼樹？這是什麼果？這是什麼花？這是什麼 —— 蟲子？

主人趕在二月底農莊易主之前，帶我們前來，他說：他解脫了！我的解讀是：他全力付出了、也暢快地享受了！享受那汗水淋漓、享受圓一個夢，享受那決心、行動，闢建一個生機盎然的天地！

有之前的全然投入，才有今天的自然放下吧。

　　這寒流來襲的一天，天空是黑壓壓的，地上是濕漉漉的；但我們內心卻是藍藍天，一片暖洋洋；喜與「森林」有約，但見處處寶藏、人與農莊，農莊與人，並閃閃生光。

　　我醺然、我陶然！農莊「薈蔚」固然可醉，惟我內心清晰：是你們 —— 貞婉師、森林師、麗卿師、秉鋒師…，大家的成熟與胸懷，讓我品味不已。

回家的路上

3.9 晚間六點半的觀音山

與我面面相覷的貓咪

安靜觀望的狗狗

公園裡的小池塘

公園裡的忠烈祠　　　　　　　　　開放時間過了我在路旁拍礮臺一隅

　　常常，在淡水捷運站下車，我想散步回家，一來運動，再來走路時，常有新發現，我不覺走路苦，但覺趣無窮。

　　瞧瞧今天回家的路上，我看到什麼？

　　恕我的傻瓜相機，恕我學習力不強，「複雜」一點的東西，我就想閃；因此，學什麼都不成。只能憑直覺，拍些當下所感；從未奢望它們是藝術，雖然，我已知天地間唯真唯善唯美，就是藝術。

　　看看我回家路上，在礮臺公園乍遇的狗狗，牠竟然像個哲學家般，坐在草坪上靜觀百態；再看在天生國小牆旁，和我驀然照面的貓咪，我們相覷半刻，還是我笑盈盈的揮手走開…。

　　今天，最讓我驚喜的，是在公園裡初見的小池塘 —— 怎麼多次在此散步，從未注意到這麼清幽的所在？它隱藏在一片樹叢後，兀自散發著一股絕世氣息；我徘徊不捨，也為自己貿然闖入而致歉！

　　但容我在晴日再來拜訪吧，想像藍天白雲倒映池中…；池塘雖小，何異大千？

　　我隨興走、隨手拍，累了，也隨意停在一家小咖啡店前，欣

賞它「四坪海岸，夢想無限」的氣蘊，也在轉彎另一處茶館的門前，喜孜孜的讀到主人漆在門上的一首詩：

窗小能留月，簷低不礙雲

過往眾生船，欣然見觀音

暝色入樓中，百家燈已明

紅塵欲不染，應在琉璃情

可惜茶館關門，我欲訪風雅不得，莞爾離去。

寶藏豈外覓，會心不在遠。原來我們的四周，就存在著無限的美麗；匆匆來去的步伐，沒有空隙的心靈，會不會錯失許多美景呢？

「豈無他憂能老我，付與天地從茲始」，人間煩惱無可免時，且套上球鞋，拿起背包，去看天看地吧。回家路上的閒適，也應是一種小小的「可以確定的幸福」吧。

拔刀爾山

　　拔刀爾山、拔刀爾山，它的險峻，我以爲不亞於夫婦山等。

　　早晨九點多進入山林之後，幾乎是一路攀爬，陡上陡下，不遑喘息。我不及欣賞沿途林相，不及尋找躲藏在樹叢中的罕見花卉；我只覺走進了一片無邊的原始林中，樹木參天，蕨類碩大；橫躺的枝幹上，有無數附生的各種植物。我必須小心腳下的每一步，以免踩上濕滑的樹根和岩石。

　　初次涉溪澗而行〈早上尚有乾涸之處，裸石四佈；傍晚下山，已不免踏進水中或淤泥裡〉；也初次見到螞蝗，牠蹦在地上，跳入樹身，其形怪異，睹之驚人；不覺頻頻看褲管、翻鞋襪…。

　　中午十二點左右登頂，可惜頂上留影竟神秘消失。一點半下山時，雲霧忽起，悄然掩至，瞬間雨下；雖然原路折返，卻是來回兩種天地。

　　我也首次在雨中攀爬，雨水順著我的帽沿下落；之前，是在連番陡上時汗濕衣衫；現在，衣服則是冰涼的貼在身上。

　　上下山各約二小時餘。同行山友各個是登山好手，素日常在山中，久經訓練，上下陡坡如履平地；行路數小時，不需休息是尋常之事；他們愛山、登山，在山中穿梭自如；而我日常散步之外，鮮少這種「操練」，自覺是大大考驗。

　　我又何必如此「磨練」自己呢？也許，有自然的呼喚吧！若有一天，限於體力，我連中級山也不得不放棄，只走走郊山，也是好的。只要回到山中，聞鳥語，聽泉聲，看綠葉在陽光或雨水中發亮，偶而見到一朵娉婷又奇特的小花，或我自視爲奇景的情境…。那種妙在心頭，就渾忘登臨的辛苦了。

　　儘管下山後，總不免幾處青青紫紫；儘管有時告訴自己：不要爬了！但是，我仍然不自禁的想著它，或者仰望著一座座山，暗嘆當年忙碌，內外境似都不容我親山近山！

　　山與我，有不可解的情緣，我順著自己的心，順著它的呼喚，拿起背包走向它，如是而已！

　　拔刀爾、拔刀爾，這是泰雅族語，究竟是什麼涵義、什麼背景呢？今天爬此山，但覺險峻之外，頗有另一股神祕的氣息。

樂在山中

　　今天，爬了五個小時的山路，就是一個「快」字可以形容。

　　舉首是一片雲彩也沒有的藍天，放眼是層層深淺交互的綠林，腳下是凸凹參差的石塊，山路則或上或下或寬或窄…；就像和我們遊戲一般，誘得人躍躍上前，想看透它的花樣。

　　耳畔又是什麼鳥兒在叫？在為我們唱歡迎曲嗎？溪水亦如呢喃，有永遠訴不盡的心聲。

　　此時此刻，就是那個「快」字。

　　快樂那裡有什麼因素呢？它就

在斯時斯境，也如此自然的融入我們的心靈。

　　我們當然不是為尋快樂而來，但，山道上的富麗，觸目是新發現，驀上心頭的是新體悟；那種暢快，絕對無法言說，「怡然自得」這麼好的詞語，都不足概括。

　　冬天就要過去了，樹身上處處一片新綠，散佈著新生命的喜悅；石塊上滿佈青苔，竟如此密實飽滿，那種生機，不只讓人瞠目，更不容人忽視那股幽微到不可思議的美；東看西看，斗大的「生命」二字，就寫在路旁、溪旁，向四周延伸而去……。

　　今天，似是整個冬天最暖的一天。我走了五個小時的山路，腳底似是做了五個小時的按摩……。我一直跟自己微笑著，啊！快樂的確是不假外求！平和的心，帶來平和的快樂；滿足的心，帶來滿足的快樂；看山、親近山，是什麼在引領我們進入快樂的生命。

　　當然，爬山會流汗、會曬到頭昏眼花、會累到舉不起步〈我有過走到兩腿發抖發軟的經驗〉，也會讓人有出口遙遙…，嚐盡酸甜苦辣之感！

　　但是，它似乎也在無言地鼓勵我們走下去，走出滿地石礫，走出眼前泥濘…。山，讓我們體驗生命中的神秘、挑戰和機會，它也讓我們認清自身無限的潛能並一步步滋生信心和勇氣。

　　我怎麼把登山寫成鍛練自己的過程了，其實不然，我只想分享走進山中的快樂；彎進那一片茂林，我們就能感染這種情境。登山那有什麼期待呢？我們只是選擇快樂而已。

春在枝頭已十分

　　今天是春節。清晨多霧陰冷。我六點半上山，未聞鳥鳴報春，卻在微微春雨中，游目四顧，果真是「春在枝頭已十分」了。

前人云：「春者天之本懷。」只待靜心體會，看那樹身冒萌蘗，小草吐新綠，連枝幹都似是剎時飽滿，變了色也變了樣，豐沛的汁液鼓動欲出；山道上鬱鬱勃勃，直惹得人想笑─自然竟也這麼按捺不住，以撩人的風姿請人共舞。

我未停留，也未留連，並非故意忽視春天的召喚；而是察覺它就在我心中─春者亦人之本懷，我亦心思翻飛、心靈躍動，每一個呼吸都在與之相應。

春亦萬物之本懷，我在小山坡上傾聽著四方此起彼落的破蛹、破繭、破殼、破土…的聲音；萬物都在掙脫枷鎖，恣意追逐生命，我們如何不也任性逍遙、隨緣去放曠呢？

這是春的季節，復甦，開展的季節；這是再活一次、創造新局的季節。來吧！我們一起深深吸氣，伸展四肢吧。

結果，今晨微醺下山，我不折不扣地見證古人言「春風如酒」；我懼酒，只是輕啜，但已飄飄於駘蕩春風中…，悠悠晃晃了。

隨

午後三點，我再度搭上前往北海岸的公車，車上，竟然只有兩位歐巴桑，其中一位，當然是我啦。

　　車子駛向三芝，駛向石門……。我想著日本近來「森林女孩」當道；大約是指有些年輕女孩已把注意力從時尚轉向自然，以新視野看生活，並努力拓展它的豐富。

　　我早已脫離年輕行列〈實際上已天天哄自己「夕陽無限好」啦〉；但，退休年餘，已漸能體會閒逸之樂；這學期，也婉拒代課邀請，決心「諸法皆空」。

　　新的年度，我選了一個字給自己—隨，作為今年的指標。隨者，隨時之宜、隨事之宜、也隨物之宜……；願常思此字、常行此字。

　　我自擬「森林歐巴桑」，也是小小相機貼身；我不懂技巧、也不問效果；就是心一動、眼一亮，即連番按；我只問「趣不趣」，不想「好不好」；有時，「跟著感覺走」還真有「另一番情境」呢！

　　大家能看出這是那裡嗎？這個下午，此地陽光熾熱的很，海面上風平浪靜，迥異於我之前所觀的大浪；我拍了碧海、拍了藍天、拍了白雲；但我什麼都不帶走，只在此留下自己的身影，因為，我要證明——「森林歐巴桑」是如此自得其樂。

加里山之旅

　　是因為圓少年時的夢？是因為山林的呼喚？還是總在一段時日後，就想「磨礪」自己一番？

　　是因為「陽春召我以烟景」？是因為「野芳發而幽香」？還是我究竟要向自己挑戰什麼？

　　我想：那是一種傻勁！

　　昨日清晨五點多，我即趕著出門，向遠在苗栗的加里山前進。

　　不是因為它是苗栗第一峰、不是為了一窺幽居在此山中的一葉蘭、不是為了一探神秘獨具的柳杉林、也非為加里山遠眺之美而心動、更非為暫避塵囂而遁入密林⋯。

　　我究竟是為了什麼？還有率性吧。

　　四月十七，九點多鐘，苗栗風和景明，是最宜爬山的季節。

走入加里山，走過風美溪，正是一幅「木欣欣以向榮，泉涓涓而始流」之畫。走上木梯，似入秘門；一路盤根錯節、藤蘿相纏；乃至地形漸陡，亂石橫梗；眼前目不暇給，腳下步步驚心！偶見岩壁小花，嫣然有姿；斷崖竟生大樹，令人屏息，幕幕是誰的傑作？

果真山水如書、爬山亦如觀畫；果真山水有清音、山水含清暉，千般萬般，不可名狀。

我又何必再問：我為何而來？

剛進山中，我偶而像個天真的孩童，恣意的踩著一地的泥水；也在左顧右盼間，這一秒且為賞春惜花人，那一秒則撫樹盤桓，如閱史詩，蘭亭集序那幾句：「此地有崇山峻嶺，茂林修竹；又有清流激湍，映帶左右」，活脫成眼前之景。

此地可觀，此地即可樂。我且放意開懷，何必追索…？

春天，正是大自然的本色。「春夏之交，草木際天」，千古以來，生命循環不已；我則機緣所至，暫時駐足，沐山林之芳，濯清流之樂，這，豈非幸福？

造化心意，會心不遠。

我終於一睹一葉蘭的風姿，惟花期已過，寥落數朵在壁，不忍攝其殘妝；但一瞥之下，仍感那個「幽」字，確能盡其丰神。花下稍留，想明年綻放，花顏依舊，人的青春呢？我還有歲月帶不走的什麼嗎？

終於攀岩爬壁而上，卻未料在兩千公尺左右處，結結實實的踩空──幾個翻滾，右腿「撞壁」腫起，右臂擦岩磨破；我定下神，看全身黃泥綠苔…，還好未傷及骨，尚可行動；試著繼續攀爬剩下的兩百多公尺；又未料在僅餘一百多公尺時，右腳抽筋，疼痛難耐；此時我開始擔心：不是一百多公尺登頂的困難，而是

回程時直下陡坡的問題。

　　我終至登頂。山頂上，我的情緒不是興奮、不是激越；視野一濶，心胸一壯，「生命無界」的體驗，使我凝神靜定 —— 山上果真有山下無法透視、無法領會的東西。

　　真想向蒼天頂禮。我來此，不爲征服什麼、不爲克服什麼；山林之旅，宛如生命洗禮。

　　上山的心境益發明朗了。

　　山上會提醒人永恆與片時的意義、提醒人世界的美好、生命的美好—即使一路的凋落，美好也無所不在。它以樹、以花、以蔓發的草、以所有棲身在此的生命展現不言的大美。

　　走在山徑中的我們，也與它一體律動、相互映現。

　　原來，我的觸動，也是我的生存；原來，在山的脈動裡，也有我的心跳。

　　「空山無人，水流花開」「草木有本心，何求美人折」，蘭生幽谷，自有圓滿；青山綠水，不老無憂，一任人間歲月頻遷…。

　　我不禁戲謔地問一棵樹：「樹啊！敢問你的『春秋』」？樹曰：「無窮」。

　　何必詢陳跡？古今自茫茫。人生種種，那有什麼答案？惟江水江花無終無極！我今日隨緣在此登臨、在此小憩；也就一任風蕭蕭、雨飄飄、水泠泠、霧茫茫…，日月如斯。

白石山之旅

九十九年九月四日上午九時，「野豬一族」相約白石山一遊。

大家在慈湖集合，巧遇衛兵換班，驚鴻一瞥，暢人心目，正是「紀律美之極至」。

隨即上山。此刻，我已不記得翔實行程，但覺翻過三個山頭，是草嶺山、石龜坑山、白石山嗎？只記得迅速彎入密林。野豬們在陡上陡下的山林內穿梭自如，我氣喘吁吁隨後；惟心中「不悔」、自得其樂。

白石山雖屬郊山，有東、西二峰，都不及一千公尺；惟山中岩石遍布，有其險峻；雜草蔽路、林木蔽天，古樸野趣之外，也有原始山林的風貌。

我們九點二十分入山，下午五點半出山；野豬們仍如履平地，我則舉步蹣跚。若問我：「爬山苦不苦？」是的，苦！而且不是一點點苦！可我帶著黃泥下山，累到全身僵滯 —— 在捷運一角，神思昏然中，竟有淋漓的快樂！

快樂可具體以言：

爬山可以鍛鍊體力

　　爬山可以開拓心靈

　　爬山可以觀察萬物

　　爬山可以體認自我

　　惟此非誘惑我爬山的理由。我爬山實則「無所為而為」──但從心之呼喚。當我想山時，我不論高低難易，躍躍欲試，爬山於我，是「非理性」的！

　　我願承認：即使經過一天的休息，我仍全身酸痛，我俯身看腿上碰觸岩塊的青紫，再思以此獲致的性靈滿足，真是「冷暖自知」。

　　我親證有限的體力，可以開展無限的精神翱翔；漫步山林，不知人間尚有桎梏！即使潺潺細流，也洋溢生機，更別說四處盎然活力，激盪著全身的細胞。山友們化身為山中的精靈，親山愛山，渾忘山外的世界。

　　白石山中，萬象可觀。參天竹林中的竹筍，尤讓我注意。我默思東坡所言：「竹之始生，一寸之萌耳，而節葉具焉。」果是如此！一竹一世界，它天然具足一切。放眼這一片竹林，有多少寶藏在其中呢？

　　白石山上，更令人驚嘆。山頂遠眺，浮雲朵朵，瞬間數變，果真是「無去無來」！我驀有所覺，塊壘自消自落！

　　白石山壁上，終見「豔紅鹿子百合」的芳蹤，惟其幽生草叢中，不易細視芳容，遙見其姿態楚楚，別饒情韻；且為保育花種，怎能隨意攀摘，帶入紅塵！自應倍加護惜。容她深谷自芳！

　　「山不可無泉、石不可無苔」，白石山裡，泉聲不絕於耳，青苔到處蔓生；水借色於山，山環護於水，山水互依，乃千古之盟。我跟在野豬們後頭，看這裡可以入畫、那裡可以入詩，山陰道上，澎湃情思與汗水交互灑落！

這自然之景，乃天地生成；人機緣所至，得賞其景，該是如何的感謝呢？

古人嘗言：「思人生必有一椿極快意事，方不枉在生一場。」對善遊山水的人而言，走入山中，必是「快哉」盈胸吧！

白石山雖不高峻，但，山頂四望，磅礡不讓高山。尤其白石岩塊上披襟而立，快樂再上心頭：

爬山可啓迪心靈

爬山可豁達心胸

爬山可恢宏氣度

這一刻，心門一開，天光雲影、徘徊起伏。這是山中最迷人之處。無際的視野、自然的超脫；逸興遄飛！一切相忘！

爬山何必名山？山水之勝、山水之得，端在方寸之中。山友亦多素心人，紅塵是非不縈懷；相遇於偶然、相契於自然，彼此可忘機、可陶然！當下堪看堪玩亦堪醉！

默　會

今晨拂曉之際，我到陽台看看，是否下雨？能否去堤邊散步？

對面山頭，有一大片厚重的烏雲，那就不出去了。

閉目靜坐時，忽覺天光乍亮，我轉頭遙望：朝陽破雲，不可逼視。

我未思什麼，也非證什麼；默默的看著自然的變化。

天地寶藏，都藏在這些瞬間的變化裡吧。那人生幸福，何嘗不在窗前看山中呢？

萬古一朝，一朝萬古。雲開日出，自有際會。

回歸天地、回歸自然、回歸日常。宇宙萬物一體一心吧。

天地生機

每一個角落，都可見她的芳蹤

水天一色，深鐫腦海

路邊的果實不能摘吧？

喜歡走在這般的樹蔭中

藝術的心靈亦有無言的大美

天地中有自然、有萬物、有藝術…。

天永遠會藍、花永遠在開；水天一色，深鐫腦海。

不知名的菓子，在路邊自在地展示；藝術中的靈魂，孤寂中也熠熠生光。

被寒潮籠罩、冰雪覆蓋的大地，有不絕的種子、不凋的生機。

是小鳥在枯枝中築巢嗎？我們在這樣的林蔭中散步，心靈之樹也青青不已吧！

自　然

今晨，我在漁人碼頭的堤邊，和兩隻海鳥玩了一個多小時。

牠們在防波堤上找尋早餐，模樣機伶又專注；遠望不知牠們啄著是魚還是蟲；不過，親睹了一幕，嚇了我一跳！牠們竟從石縫中叼出長長的、還在掙扎的東西，然後銜在口中，慢慢吞食；之後，牠們靜止不動，似伺機捕食。

我要承認，在清晨裡，牠們跳來跳去、飛來飛去的身影，真是眩惑人；但我不後悔未學攝影，去秋，報了名，卻跑去馬來西亞近月，以致，仍是不懂我手中的「寶貝」——這個相機能留下此時此地的景象和感受嗎？

沒關係，不懂不打緊，重點在我「寵」它——容它貼身相隨。我感動、讚賞、憐惜、不捨…時，握著它，按下快門時，竟覺得它是「體貼入微」的！

即使在近處散步，也不會遺忘它；有時只照了一朵野地裡的花，或枯枝一角新發的萌櫱，也充滿喜樂、充滿謝意；我記錄美，也挽留美。

所以，我拍照，十足真實、十足自樂。我不問知不知技巧、會不會修飾，只任由我心我手，隨興的留下一個個俱足的生命世界、留下微妙的內外同一脈動的感應！

感謝今晨偶遇，分享了這兩隻海鳥的逐食之樂。這一段堤岸，那裡只是洋溢著「鳶飛魚躍」的氣息？那裡只是充滿著「其機在我」的妙趣？

自然之中，一切自然。虛實都在瞬間，真幻只合一笑。我欣欣然揮手一禮而去。

當下俱足

今晨七點，淡海雨勢不定，我忽然想念礮臺公園旁的一片稻

田；記得前時看才插秧，已隔月餘，新苗長得如何？

　　我像個頑皮的小孩，踢著地上的泥水；經過沙崙路的小公園，空無一人中，竟有一種平素察覺不到的情韻，我伸手相迎，低聲道早安。

　　天生國小牆邊，突聞貓咪呼喚，我尋聲蹲下，貓咪藏在樹籬中。可憐小傢伙，怎麼孤單地在此？我拍它，它毫不閃躲，定定地看著我 —— 我們是舊識嗎？

　　不敢回頭，跑著離開。今天，要去找那片稻田。

　　果然已成綠海！此時雨勢轉急，我一手撐傘，一手拍照，兩手都有些顫抖；但，就是想擁抱這片生機！即使稻田背景是參差不等的屋舍，也無礙「缺陷美」的獨到和真實。

躲雨的貓咪

月餘未見已綠意盎然

牠們在譜什麼曲？

你怎麼獨自藏在這兒？

你也被這一片生意感動嗎？　　　　　雲霧遮去了觀音山頭

　　濛濛遠景是露出半身的觀音山，我遙遙致意：每天咫尺相望，卻不及親近，何時能容我向你奔去呢！

　　很意外地，我遇到一群鷺鷥家族，它們很有默契，一起玩、一起吃、一起飛翔、一起棲止；偶或一隻落單，也一派悠遊。我在旁痴痴相守，但覺天地間只有我和它們 —— 我們共組一個宇宙、共享一個俱足的世界。

　　回來在此絮語，無意於「原天地之美，達萬物之理」；其實只想分享：這梅雨淅淅的清晨裡，生命仍恣意地躍動！

左岸掠影

獨立蒼茫　　　　　　　　　可遙望對岸的家

笑謔可掬

這兩株樹像在日夜交談

美妙 —— 就是走在其中的感覺吧

這是那一種菌、那一種菇？真怕踩到它

午後。天晴。微風。八里左岸。

美，不完全用看；感動，也不完全可說。

目所視，意所會。

真實的存在、真實的滿足、真實的簡單。

心如麗日，情似和風。

與美相遇

默對此景，浮生至樂

靜中之趣，（心亦搖焉）

以後清晨來，此地可渾忘世事

綠色的鳥正啄啄鑿洞

毛毛蟲如是美麗

你在對我笑嗎？

圓覺步道，溪聲不絕

白石湖吊橋。秋天時，當再訪

　　市郊一日遊，隨處有驚喜。

　　圓覺步道、大崙頭山步道，閒閒走、閒閒看。

　　自然萬象，觸處皆諦。默會，只在心中。

　　新山夢湖，姿容如畫。天趣，最好不言。

　　深深凝視，心馳神往，似看世界無窮、生命無限。

大崙頭山步道，一路鳥聲陪伴。

千江有月 萬里無雲

重閱這一部份，我愣在「一盞岩鹽燈」前，這個送燈來的
女孩何在？

「人生若只如初見」一篇，也在此時此刻，讓我怦然如故。

幽幽一聲歎，默默長歸去。生命之旅，只合自詠自歌。

長　大

什麼是長大？成年禮、畢業典禮、結婚典禮…爲父爲母，都
不算是長大。

找到工作、賺錢自立、追求自我……，也不算是長大。

即使，風雲際會、獨當一面、呼風喚雨……，也未必可稱長
大。

乃至不惑之後、天命之後……，也不絕對長大。

面貌的繁複變化……，不是「長大」的同義詞。

生命是一連串的儀式、一連串的經歷；只不確定所謂抉擇
──是自己的矇昧、莽撞居多？還是命運的強勢居多？似乎被推
著，或晦或明地，往前一路衝去！

好像收穫不少，但又丟失了多少？

也許 ──

知道自己長大，是從知道自己的迷失開始。

知道自己長大，是從知道自己的清醒開始。

知道自己長大，是可以輕鬆的退、自然的捨開始。

知道自己長大，是不再介意自己無法實現的夢。

知道自己長大，是能衷心感恩平常的幸福。

如是，庶乎可謂之長大了吧？

也許——

長大，是根本不再想這個問題了——為什麼呢？

逃

那天，妳來找我，是什麼使一張細緻的容顏如此疲憊？我為妳煮了一壺茶，願那一片紅紅綠綠先溫暖妳的身心。

在清香瀰漫的小屋裡，妳不停地攪動著杯中的花草……。

「好累！在現實中、在睡夢中，我都常常在逃；不能逃時，就縮進殼中！我逃得好累！」妳重複地說。

「逃什麼？是在逃避自己囉！」我傾身向前：「對不對？」

「好啦，我逃厭惡的一切、逃痛苦的往事、逃不堪的現狀、逃煩瑣、逃虛偽……；也逃自己、逃責任……。」妳連拳頭都快握起來了。

嗯，難怪妳說一直在逃，用盡方法逃離不想面對、不想接受的一切！可總又回到原地；費了這般力氣，竟是一步

不曾挪移！難怪妳感到力竭了。

「嗨，妳沒安全感哦！」我又瞇眼笑妳。

「啊，老師，妳沒愛心哦！」妳學著我的語氣。

好，先想想，是否記得在課堂上，曾為妳們提到一本小說，我們再回想其中一段：「她有一顆晶瑩的、可愛的、閃光的靈魂。她不甘心被沉悶、黑暗、齷齪的生活埋沒。一再說：『我要飛！』飛往『一個美麗的所在』，期待著『將來全世界的土地開滿了花的時候』。」我記得當我朗讀這幾句時，妳們十七歲的臉龐上是似懂非懂的神情！

小說裡想飛的心情，是逃還是尋？逃是窘迫的，尋有熱情為後盾；作者的心靈是渴望自由、渴望創造？還是只作憤怒又絕望地吶喊、衝撞？像困在四壁中，再也飛不高、飛不遠！

「一個美麗的所在」又是什麼？天地間有這樣的歸所嗎？歸鄉，究竟在境還是心？

「想飛」，是因為不甘屈從於「命運」，還是不願接受事實的存在？書中那所謂「沉重、黑暗與僵滯」的生活，是否就是生命的一部份、現實的一部份？上下四方、古往今來，是否都是如此？

若是無可分離的一部份，我們是否有視野看到與之反向的「和善、光明與開展」呢？

晶瑩的靈魂足以照澈陰暗，而非被掩埋；美麗的靈魂足以承載重量，而非被扭曲；想逃，是否即疲憊與無力所致？

原來，厭倦與逃離，也充滿自我的拉扯——在不斷的猶疑、徘徊中…，或已不自覺地任由負面的心情拖著逃了！

我們來問問自己：人生是越來越黯沉，還是越來越開闊？我們如何用自己的努力和信心來滋潤自己？用全然不逃，含淚也要

面對殘酷現實的決心，來接納所有的事實——生命中的美與不美、成或不成！再肯定自己的價值——自己不是最清楚在痛定思痛中勉力超拔的過程嗎？

是不是這樣呢？

也許，妳不是逃，妳是在找尋！也許，找尋的東西是不存在的！也許，要逃離的不是外境；要清清楚楚、勇敢看的，是自己的內心！也許，心中有一絲怨懟、一點不安，都逃不出去，左衝右突！徒然、枉然！

「衝決網羅，開創新生」，是一種心靈的躍升，一種境界的翻越；心境換了風景，人生就是另一樣了。

所以怎麼逃？逃到天涯海角，還是逃離不了自己的心啊！我們必須和自己的心好好相處，看看它究竟是怎麼了？每一個想逃的意念一根源在那裡呢？

原來，「葛藤」在心中，它緊緊糾纏，如何能平靜呢？

真的，一切就是如此吧，原原本本的如此。宇宙無可窮究、人生何以徹悉、生命謎題無數；若我們也總在一片渾沌中掙扎，那或許就永遠找不到出口了。

出口，就是安住在當下吧！看看此時此境此心！只有勇敢、誠實的正視自己，才有改變自己或改變環境的機會，才有新生、再生！

是不是呢？只有如實面對如實人生，才能寬恕、才能包容、才能看到「人我皆然」！把那萬千煩惱化爲「天光雲影」！不然，能逃往何處呢？

妳終於破涕爲笑了！心境一開，疲憊一空，妳的神采就像烏雲散去的天空。

好累噢，害我打這麼多字！早知道我也逃了；其實，我好想

帶妳去唱歌，說什麼「逃與不逃」，有時也是「徒勞」啊！

漫說愛情

今天是情人節，情之一字，在人的一生，各以不同的方式和內容鋪陳。

曾寫過「說愛情」五篇，以「勇敢、真誠的面對愛吧」「早歲那知世事艱」「人生因輕率而存悔」「情深必墮」「眼前無路，可回頭」為題，分別追索愛情的各種面向。

但所察依然有限，若命運之謎，若霧中看花，難究本質，難識全貌。

它確實是「上帝的一份禮物」，但也是「老天的一番教訓」；它豐美又詭譎，卻也至簡至易；它十足所造各人受，冷暖自覺證；卻又完完全全非能操之在己。

在情愛的當下，那是一種全心全意的幸福；即使情隨事遷，夢中淚痕笑意也充滿生命氣息。

讓它自然，以自然的方式和內容呈現，「斧痕」是多餘的。

一盞岩鹽燈

不是因為妳不辭路遠，由南到北來看我；不是因為妳不懼風雨，寒流壓境中來找我；也不是因為妳見面剎那，即紅了眼眶，

給我熱情的擁抱……。

此刻，我坐在電腦前，那堅忍的語氣、勇敢的神情、於世事人情的體察、對內在生命的省思……，仍在我心蕩漾！

那個天真稚氣，充滿夢幻的女孩呢？

二十年有多久？二十年能經歷多少事？生命會是如何的樣貌？

那個當年睜著一雙迷濛大眼的女生，昨晚，就坐在我的書房，以平和、清晰的口吻，對我「娓娓二十年」！

我們談到依附到自主的過程、談到尋覓到覺醒的過程。

我們談到猝不及防的生命變故、談到無法還原的人生事實。

我們談到了「恐懼感」、什麼仍讓我們手足無措？

我們也談到了何謂「創傷」、那似是一個無法填補的缺口！

時間一小時一小時的過去……。

妳說自己「變成了另一個人」；我說「這是一種新的力量」。改變自我，不是迷失，它是蛻變。

妳說「二十年生死掙扎」；我說「妳在創造自己的傳奇」。幾番生死，不是陷落，它是重建。

今夕何夕，共此燭光；互訴衷懷，平生快意。

我訝異、也驚嘆：歲月是如何淬勵妳、妳又是如何在其中茁壯？

曾經哀傷的眸子，如今如此澄明；曾經憂鬱的嘴角，如今如此嫵媚；曾經痛苦、絕望，如今卻是掩不住的光芒、壓不住的希

望！

　是什麼使妳毫無負傷的痕跡？是什麼使妳這般蘊藉、優雅，將千迴百折，輕輕道來？此心有本、此身獨立，這是多少功夫？

　是的，我的感動，不只是因為寒夜客來，是妳為淒迷的冬夜帶來暖流、帶來生命錘鍊的美、帶來人生刻劃的異采！

　當妳在夜晚濃重的寒凝中離去，我不禁隨手寫著：

　這是入冬最冷的夜晚，妳帶著一盞岩鹽燈來。妳，如它一般，結晶如是！

感謝有你

　愛是信心、愛是力量。有愛為伴，心滿意足。

　願彼此感謝、彼此扶持、彼此珍惜、彼此欣賞。

　詩瑤與珞嘉，是我十七年前任教的學生。自高一至高三，我與「301」朝夕相處。他們上了大學後，我也轉往他校；三年點點滴滴，已滙為記憶長河……。

　小女孩、小男孩，分別長大了。

　陪伴你們一段時光的我，在分享甜蜜與喜悅的同時，真是滿心滿眼的祝福：

　願互相以更好的自己回報對方的愛

　願彼此以深情摯愛活出美好的生命

　愛是成長之始，也是成長之果；一切植根於愛，一切由愛完成。

　且再以數語賀新人、賀有情人：

　人之生也，與愛俱生

　愛如生命，生命如愛

　沒有得失，沒有輸贏

愛所洗禮的心靈，有永不凋謝的生機；愛所滋長的勇氣，是永不熄滅的火種。

不憂不懼，讓愛歡笑

溫柔的心，溢滿能量

讓它隨心智的成熟而盛放！隨呼吸一起讚嘆！

這無盡的生命奧祕、這不竭的生命泉源。

欣　賞

今晨，續讀了幾首西藏六世達賴喇嘛倉央嘉措的詩歌，在此分享諸君；

我不置一詞，願見各有所思、各有所會。

1.

好多年了

你一直在我的傷口中幽居

我放下過天地

卻從未放下過你

我生命中的千山萬水

任你一一告別

世間事

除了生死

那一件事不是閒事

2.

徹悟後，便去水中撈月
沿途花事輕浮
謊話香艷
我在起點與終點之間兩全其美
卻無法禪定於一夜琴聲
直至悠悠的琴聲被暗香掩沒
我才剛剛趕到岸邊
片刻之間
已被一縷清風綉在水面

3.

百花美得一錯再錯
杜鵑聲聲
佛門外的女子紛紛被說破
一邊賞花
一邊護法
天下大事
無始無終
嘩的一聲
這一生
就淌光了

4.

心上的草
漸漸地枯了
心上的雜事、雜物⋯⋯次第消失
我也隨之空下心來

這時，瑪吉阿瑪的臉
浮現在我的心頭
而月亮正在攀過東山
不留任何因果
……
此刻，除了這無邊的寧靜
還有什麼值得我擁有呢
〈瑪吉阿瑪直譯為《不是親生的那個母親》〉
5.
一個人需要隱藏
多少秘密
才能巧妙地
度過一生
這佛光閃閃的高原
三步兩步便是天堂
卻仍有那麼多人
因心事過重
而走不動
6.
聖鳥迅猛地追逐著我剛剛說出的一句話
冰雪漸厚，世情漸薄
紅塵中到處都是無辜的愛
男女老少連夜在自己的內心遇難
人們不知道心中無事才是最要緊的事
致使一陣邪風就能吹歪他們的本性
在輪回的路上

7.

夕陽印證著雪山無我的智慧

愛情與梵心同樣白得耀眼

離別後，晚風依然珍藏著她的誓言

誓言中的青草早已枯黃

沒有什麼遠近之分

世上最遠的也遠不過隔世之愛

再近也近不過自己與自己相鄰

8.

天與地

高與低

被區別的時候

人類無法不接受

蒼鷹的貶低

9.

我用雅魯藏布江

滔滔不絕地思念著她

我用聖山的祥雲

默默地證悟佛法

如果從一個地方出發

能同時到達兩個相反的地方

我將騎著我夢中那只憂傷的豹子

冬天去人間大愛中取暖

夏天去佛法中乘涼

10.

關緊門窗

在鏡子中度命
風寒不見好轉
回到後院
我燃起一生的落葉
文火煎藥
仍是痛定思痛
前塵越積越厚
心已傷到三寸
我轉身掩面
世上的果子
卻剛剛落實

一個早上，我歪在沙發裡看《倉央嘉措詩傳》；卻不時怔忡坐起，似聞「轟然一聲雷、一聲雷」！

索性回到電腦前，隨意摘錄幾首……。啊！「百花美得一錯再錯」「一念之間便落葉紛紛」「我只能愛你一世，卻不能愛你一時」……。這是什麼聲音？人性、人心、生命、佛法…？我遙望窗前遠山，它無語……。

這一首歌曲，有人稱為「倉央嘉措情詩」，經學者證實，並非是倉央嘉措的作品。

歌詞只待意會，難以詮釋。若「獨上高樓」，四望無言。

歌名為《信徒》，請大家欣賞：

一、

那一夜，我聽了一宿梵唱，不爲參悟，只爲尋你的一絲氣息。

那一月，我轉過所有經輪，不爲超度，只爲觸摸你的指紋。

那一年，我磕長頭擁抱塵埃，不爲朝佛，只爲貼著你的溫暖。

那一世，我翻遍十方大山，不爲修來世，只爲路中能與你相遇。

那一瞬，我飛升成仙，不爲長生，只爲保佑你平安喜樂。

二、

那一天，閉目在經殿香霧中，驀然聽見你頌經中的真言。

那一月，我搖動所有的轉經筒，不爲超度，只爲觸摸你的指尖。

那一年，磕長頭匍匐在山路，不爲覲見，只爲貼著你的溫暖。

那一世，轉山轉水轉佛塔啊，不爲修來生，只爲途中與你相見。

節錄兩段，輕輕的讀、靜靜的思，心絃亦復如是……。

快樂友情

快樂，不需要找理由。因此，今天的歡聚，不用任何名目、任何說辭，就是帶著一個快樂的心情，彼此享受一個快樂時光。

快樂，就是心中放空，沒有掛慮、沒

有得失，就是參與；當快樂在心湖泛濫，就是眼中帶笑、嘴角揚起……。嗨！朋友，你好嗎？當我們聚在一起時，讓我們快樂的笑、快樂的唱、快樂的舞。

朋友，就是不會嫌隙，不會較量；衷心欣賞，樂於分享；就是開放一顆心，就是單純一份情；可以娓娓談心，可以暢快玩樂。

朋友，就是看到對方的特質，感激對方的心意；沒有枝枝節節的困擾，就是坦坦蕩蕩的互助；那「各擅勝場」真是動人！茫茫中相遇，如見片片風景，若有緣走入其中，顧盼間處處是驚喜！

曾有一位朋友，說她的生命是「千瘡百孔」，我看到的，則是一身掩不住的光華；即使靜默一隅，也令我一眼望去，暗自驚嘆！

我要說的是：有友如是，就是最大的快樂；最大的快樂，自然如是。

即使，有時候，我們跨不過一些關卡；即使，在今天，我們有過不去的情緒；但是，經驗告訴我，明天絕對會不一樣，會不同於今天的慌亂、沮喪！只要找回快樂的心、只要去做快樂的事。

今天下午，我就享受了郁郁青青的友情，感受到快樂的芬芳與華美；場面很熱鬧，我的心卻似一片如詩如畫、微風輕拂的原野；它一望無際，容友人的歌聲、笑語，在此自如地飛揚……。

我在此重溫快樂與友情，並分享好友與諸君。

《關電腦前，突然想起畫家林勤霖先生「時間」外一章的詩裡，有一句深印我心：「以快樂來斷堵生命的不堪。」此句與本文雖無關聯，卻值得我們深味。》

交會、交輝

昔日，曾讀巴壺天教授寫給陳之藩先生一信，記得其中兩句：「我使你目斷春雲，你也使我望穿秋水。」雖屬老友間戲言，卻

十足情韻悠悠，令人會心。

記得《詩經・小雅・伐木篇》有這麼一首歌：「嚶其鳴矣，求其友聲。」鳥猶如此，我們何獨不然？茫茫人海中，誰解其中音？

看那司馬遷〈報任少卿書〉，那樣不克自抑地、將滿腔心事，淋漓表述……。「可為智者道，難為俗人言」，此非孤高自傲；那不甘屈服命運的心靈，是多渴求知音的慰藉！司馬遷於人生之徒勞與空幻有極痛切的領悟，亦不免此時此刻—滿心澎湃無人會之痛楚！信裡盡吐衷腸，句句泣血！

昔時講述〈與元微之書〉，每讀「微之！微之！此夕此心，君知之乎？」亦不免情動！

復思那東坡曾為友嫉、為友害，落井之際，竟遭下石，他不禁感慨：「人之難知也，江海不足以喻其深，山谷不足以配其險，浮雲不足以比其變。」語間亦出肺腑！

是知朋友或為荒漠中的甘泉；或不幸「平生一片心，付之東流水」！

但我仍選擇、仍嚮往如是之情誼：

彼此能盡掏心腹，彼此亦能默然相對；彼此能仰天長笑，彼此亦能泣下如雨；何妨呢？以心傾聽心，對方的哀樂亦如我心之哀樂。

世態人情多變又如何？吾人但看此心之純、此念之真，無求

無愧，何等自足！「同聲相應、同氣相友」何等至樂！

　　友朋相與之樂，「瑕疵」無可減一絲，「誤失」無可損一毫；不批評、不生氣；容對方出糗失措，笑看其時，滿溢的都是憐惜、賞愛……！看到了嗎？

父女對唱

　　蓬門未識綺羅香　托良媒亦自傷　相依有弟妹
生　小失爹娘　妝成誰惜嬌模樣　啊～
碧玉年華芳春時節　啊～啊～空自迴腸

　　夢回何處是家鄉　有浮雲掩月光　問誰憐弱質
幽　怨託清商　舞袖歌扇增惆悵　啊～

　　碧玉年華芳春時節　啊～啊～空自迴腸
夢回何處是家鄉　有浮雲掩月光　問誰憐弱質
幽　怨託清商　舞袖歌扇增惆悵　啊～
隨風飄萍頻年壓線　空自淒涼

　　這是那天下午，我為父親唱得第一首歌。「蓬門碧玉」的心曲，哀而不傷、怨而不怒；頗有「敘事如畫，敘情若訴」的風致。

　　我平素回家，偶而與家人一塊去社區的 KTV，父親從不參加，父親嫌吵，也說不會唱；但這個下午，我又哄又嬌又賴…，父親終於陪我前往。

　　我下定決心，要教會父親唱一首歌；如果，父親不堅持非回家不可地話。

　　沒想到、沒想到，父親陪了我近兩小時；我原以為，父親會

瞇起眼打瞌睡，以為父親會坐立不安興趣缺缺；未料到、未料到，我那耄耋之年的父親，竟跟著哼、跟著唱、跟著我打拍子，當我發現父親連腳都跟著曲調而動時，我忍不住大叫：爸！你好棒、好棒！

現在回思那一幕 ── 父親輕搖著身子跟著我唱…，胸臆間猶有一股溫熱！

我特地選了幾首父親那個年代流傳的歌曲，父親頻說：什麼都不記得了、都忘了…。但當旋律響起，我請父親一句一句地隨我唱，令人驚喜的事發生了！

請看：

當我唱〈三年〉：「想得我腸兒寸斷」父親立刻能接續：「望得我眼兒欲穿」。

我再選〈拷紅〉：「夜深深，停了針繡，和小姐閒談心…。」父親也記得有「一不該、再不該、三不該」的歌詞。

我再唱「你是晴空的流雲，你是子夜的流星…。」父親也記得「我那能忍得住喲、我那能再等待喲！」

為了讓父親也動起他的四肢，立刻再選一首〈上花轎〉，我才唱「一座花轎抬到李家莊」父親已能接「忙忙碌碌迎出新嫁娘」！我不能置信地望著父親，只能重複著「好棒」的字眼！

再聽：「無端湧起了霧一層，霎時遮斷了月一痕。」父親竟也記得：「這茫茫的霧像堵上了門，怕夜歸人路也難問。」

天啦！我那不開金口的父親，這一刻，終於在我串串甜言蜜語下，也哼唱舞動了起來！父親好柔軟的心，才不忍拒絕我的殷勤相邀吧。

啊！音符在每個人的心中，只是遺忘了它！粗糙的現實奪去了多少精緻的東西？匆匆的歲月蝕去了我們多少活力？找回來、

找回來！相助彼此擦亮那根心弦！

我又選了〈桃花江〉，父親很自然的就唱出：「桃花江邊好風光」我接著：「只是遠遠近近高高下下一片錦繡，好像桃花帳。」父親也能正確唱出：「大家嘻嘻哈哈談談笑笑無憂無愁，同聲把歌唱。」……。

我太高興了！我那八十七歲的父親開口唱歌了！兩年前在加護病房以插管呼吸的父親，癒後顯得「退縮」、靜默…；常言「什麼都沒趣了」！但那天，他記得這些歌、他的面容綻放─我好久未見的神采！

感謝這個美好的午後，父親與我，對唱一室。其樂若何？

這一天

一、

我的筆記本裡，有這麼一句話：「舉世財富，買不到一朵永遠盛開的玫瑰！」

我聯想著：「人生過關斬將之後，能否保持初心、依然本色？」也聯想著：「這個身體，一旦出現了任何一點問題，都可能牽一髮動全身…。能不能喚醒我們謙卑、提醒我們珍惜？在每一個當下裡，惜人惜己。」

二、

昨天，在一本書中讀到這一句：「在最好的天氣裡，你都會做些什麼？」

是啊，除了工作、讀書以外，在春光明媚中，我們都會做些什麼？

今晨，我迎著惠風和暢、朝霞燦爛，以同樣的話問自己。

三、

剛才，螢幕上正重複報導一個剛滿十八歲的少年，因案初審被判了九年九個月的徒刑。我鼻酸，非只爲其父母、爲其人；此淚爲生命的艱難，「無明」所致的艱難！我心痛於一個孩子的「一誤再誤」！

我們如何能讓孩子們了解：沒有真正的「成長」，他將爲莽撞、任性、自以爲是……，付出何等代價！面臨何等考驗！如何讓父母們警覺：親子之間的漸行漸遠，以致根本不及搶救落入深淵的事實，是何等不堪！悲劇中的每一個人，都似在不清不楚、不明不白之中……。

古書中云：「如得其情，哀矜勿喜。」我看到了心田上未培育嘉禾，人生的苦楚無際！

四、

以前曾聽王邦雄教授講「玄生萬物」之理。記得他說：「父母老師是把自己轉化成天道，天道乃無聲無息與無限，以之滋生萬物；父母的付出，來自父母的「無」〈放下自己〉，才能給子女無盡的生長空間。是以父母的愛，是「生成」的愛、是海濶天空的愛、不匱不竭的愛；也因忘了自己，得以解消辛苦；

且持續擁有揮灑、運轉的生命力。

爲父爲母，如天如地。思之默然。

五、

以下，是近日答覆一位朋友的一段話：

不要後悔自己曾有的幼稚，不要責備自己曾有的天真；如果

以爲「沒有愛，就不會有恨」，「不付出，就沒有失落」…。或許，這才是「蒙昧」！

人，可能會爲自己的多情、深情，爲自己的單純、天真，遭致很大的傷害；但，請釋懷、請寬恕；人我俱有限、境遇多無常。破雲的朗月，美得驚人；純良天性，乃人間珍品；我爲妳這般天然的姿態、清亮的方寸、歷劫而彌新的生命喝采。

曾經有過美好的分享，足以抵拒現實的悲涼；回憶中飛揚的幸福，足以補綴心靈的憂傷。相遇與相惜，分離與孤獨，都是生命原型。本質若是，途中波瀾，正見生命的富麗。

是不是呢？一念之覺、一念之轉，就能開啓自家自困自苦的出路。

這一天，所觀所想，言短心長。聊贈來訪之友。

若

「惜花須自愛，休只爲花疼」〈納蘭容若〉

午後，撥弄著窗上的霧氣，閒閒看著《納蘭詞》。書中有此動人的一頁：

「容若看書，她也看書……。

有次她問：你說，你識得的這許多字裡，最悲傷的字是那個？

容若一愣，這問題真是很怪。他想了想，問道，是

「情」嗎？

　　她搖頭……。

　　容若不解。

　　她輕聲道：是『若』！

　　容若怔住。

　　她解釋：世人常道，這事若能這般，將來若能怎樣…。凡『若』字出現，都是因為對某人某事無能為力…。若沒有遺憾，一生不必說『若』；說再多的若』，都無法不遺憾…。」

　　我讀到這一段，闔書。在窗上霧氣裡畫著「若」字。若思若無思。

　　果然，「若」字全無「實體」、無「本質」、無「究竟」、無「解答」；它只是假設、想像、希冀…。過去心不可得，只能「若」；未來心不可知，只能「若」；現在呢？這般那般也多寄望於「若」吧。

　　納蘭詞中有一句名世：「人生若只如初見」！也警人醒人！能如此嗎？能永恆的留住初見嗎？或留得住那片時片刻的憧憬嗎？

　　「若」字，亦頗有虛幻之美，藏了多少心思、故事、人生滋味在其中！那「若有望焉」「若有憾焉」，都似是造化若般弄人！

　　詩詞淺處更饒餘味，「若」字平易，卻包蘊生命萬象，悲歡離合裡都有這一個美得抓不住、哀裡捨不下的字眼！

我看「班傑明的奇幻旅程」

　　我沒有讀過「班傑明的奇幻旅程」這部小說，我不知作者的背景和成就；今晨，當我坐下來，想輕鬆一會，「班傑明的奇幻旅程」已開始放映，我立刻被吸引，不是卡司陣容，是影片的節

奏、氣氛、配樂、台詞……，讓我凝神；我第一個念頭是：今天，不要再錯過它了！我將把從報導中得來的依稀印象，轉爲此時此刻全心全意的感受。因爲，第一眼後，它，就緊扣著我的心跳；不，我隨著每段情節而起伏。

影片序幕中，那位傷心的鑄鐘師傅，將時鐘逆行，他期望時間的倒轉，能讓戰死的兒子再回身邊…。故事似乎即從此鋪陳；沉沉的悲哀，可以如是莊嚴的展開。

我是從這裡開始看，那個錯愕、激動、混亂、恐懼的父親，拋下他初生即已「老化」的嬰兒；狀似八十歲的棄嬰，被虔誠事主、滿懷愛心的養老院的主人所收養。在這個安靜又豐富〈每個人都各自有著說不盡的故事〉的地方，班傑明奇蹟似的存活；他以不可思議的境遇，從此開始他一生的「奇幻之旅」。奇幻中的真實，令人欲淚；真實中的奇幻，令人憮然。

這，顯然是「寓言故事」，原著即有不凡的功力，創造如是超乎尋常、卻又處處是人生寫照的作品；編導也旗鼓相當，在不疾不徐的節奏中，蘊含著深沉的觸動與啓發——我們時而不解、時而唏噓、時而驚心、時而莞爾…，連連嘆著：「生命啊生命！」

我首先自問：時間是什麼？數字是時間，改變是時間；人生經歷、尋尋覓覓、峰迴路轉、頻頻錯失、身不由己…，也都是時間。生命都在特定的「時間量」中，搬演他的一生。

不論奇幻如班傑明或尋常如我們，都在這「巨大」的時間中，

不論是順行、逆行，都無所遁之。

　　惟虔敬、純良的昆絲〈班傑明的養母〉不必逃，她的無私胸懷和付出，讓她終始安然自得，小小「收容所」裡，她活得光芒萬丈。

　　班傑明和黛絲，以及我們，卻在不斷地找尋中吃足苦頭、飽受命運捉弄…；熱情與失落使現實人生也劇力萬鈞；從小習於觀察、冷靜地班傑明，終比我們能更勇敢、更清楚地，去爭取他的選擇。

　　知道自己想擁有什麼而全力追尋，是選擇；但知道自己無力於去承擔什麼，也是選擇。

　　影片中有非常多的訊息，在傾訴、在叮嚀、也在呼告；無法歷數箇中細節，只能讚佩編導如此「柔情萬千」，極細緻又溫暖、復不避事實的呈現 —— 所有生命，其實都在上帝手中的網羅裡。

　　在網羅中衝決、掙扎、突圍…，「卑微」的生命，締造著懾人的壯麗。編導不在批判，全片滿溢悲憫的情懷和理想的光輝。

　　片中人物，大致「溫和」的多，但都演得極有力道；是什麼力量，讓無所適從的生命，能放懷、盡致地活出自己一生？

　　有一分鐘的畫面或許會忽略 —— 和班傑明偶然邂逅、深度交會的外交官夫人，創下橫渡海峽最高齡的記錄，也完成自己曾經放棄的夢想……；班傑明一剎時的表情真是動人 —— 有念及故人的理解與欣賞。

　　人生美好的故事不必「待續」，彼此照亮，豐美了漫漫孤寂又無常的人生。如身處茫茫，無力而順命時，驀見星空下格外美麗的浪花，我們為之屏息！啊，生命啊生命！

　　是的，生命充滿了無限可能；如果，我們認真的審視過自己，我們自己，也是一顆夜空中發光的星子、也成為一道可驚的浪花；

我們不是也曾經堅強地、全力地在無依無憑無望中,在和班傑明一樣漂流的人生中,因著一念的清醒,一步一步種植希望。

不是「逆來順受」得以救贖,而是生命終始未失「一點靈明」;這一點,才是調整人生、旋乾轉坤之基,使悲傷也有了它迴環反復、咀嚼不盡的味道。

「班傑明的奇幻旅程」,哀傷的旋律不曾消失,但,輕快的幸福之感也終始存在。

此片雖為奇想,情節雖屬奇幻;主角生命歷程,則為人人之寫照。影片配樂突出,角色各如其份,相得益彰,是成功的集體才智結晶、熱情結晶。

容我再回首,從看到班傑明被拋棄,看到他被收養;看到他不良於行,看到他站起來……。一切在交互進行,我們不是在對比殘酷與溫暖、絕望與信心;我們的感動,在看到悲劇中自有奇妙、若苦難中亦有恩典。

這個源頭在人不放棄自己、不放棄生命!

這個光源來自作者或編導要我們看的心 —— 唯人性可以療治人性、唯人性可以補贖人性……。單純的接納、單純的給予,使幢幢的幸福永不熄滅。

片中的戀曲如生命之歌,若「以一生的呼吸來呼喚彼此」。黛絲是班傑明對生命美好的信念,信念的力量讓人生不再一片漆黑。堅強的黛絲直面人生每一階段;即使不免陰影籠罩,那相守相屬的時刻,黛絲光耀了自己、也光耀了班傑明。他們的生命、他們的愛,那堅毅跳動…,已掩蓋了時間的滴答聲!

潛伏的命運,雖不因人的意志而改變;那充盈愛的心靈,已無懼於時間的推移 —— 悲傷的時刻裡,也有對生命如此「奇幻」而無憾的心情。

愛，依然是生命對人生無憾，最初也最終的力量。

影片也告訴我們，時間推著我們走，不論是往那一個方向。寓言的手法可以「逆行」，我們卻找不回虛擲的年光、誤失的幸福！也許是我們已不懂愛、也不會愛了！

「班傑明的奇幻之旅」，對白同時讓我目不暇給；在場景不斷交錯中，對白也交錯著變換的人生；同樣奇妙地，平實的對話裡，流露著真實的人生況味或優雅的氣息。

這是編導另一個讓人傾倒之處，它不嘶喊，它將苦痛自制為一首首樂曲。

我未落淚。最深沉的感動，有無言的致意、全心的共鳴。

此刻，我的耳邊猶似響著結束時的片曲，那般明朗如出霽之月；我的眼前，是班傑明與露絲終於聚首了──真正地在一起了、千山萬水後守在一起了！一起去航海，他們已無畏懼，茫茫大海中，他們相對相融。

一切改變中，唯純真的初心在沉默的時間中發亮。

即使班傑明不記得他的一切〈人生如夢似幻〉，但他已經歷了一切，在特定的時間量中，他以有限創造了無限；他活得好完整，他真切的體驗了一切。

編導夠磅礡，要告訴我們的這麼多、這麼多！

「不存在的女兒」？

我怎麼總是中途「進場」？因此，此刻寫的不是影評，只想留下閃閃的「捕捉」。

片中的主角，常常相機在手，顯然也是想留住什麼，留住他曾經丟失的，最珍貴的東西。

這「不存在的女兒」，其實一直存在。她，成了秘密、成了

隱痛；但，終是安慰、終是救贖。人生真是念念交錯，以致跌宕起伏、百味雜陳。每一個決定，似是自己所為，又似命運推動。

生命中的改變，常是瞬間所鑄；大衛醫生親手接生了雙胞胎兒女，竟發現女兒「先天不全」；一念憂慮，遂矇騙妻子女兒夭折……。

護士未依請託送女嬰到安養機構，她決定親自撫養；她不捨女嬰，除了「萬物都不相同」的胸懷與愛心，或亦有片中「不可說的秘密」和「善意的謊言」──這是大衛的骨肉，她不想失去……。

人心中幽微的心事，是另一種隱藏著的精彩人生。

故事在「善意」中發展，卻帶來了無可抵擋的陰影；事情全然不如大衛的想法，妻子諾拉在不幸中以偏激的行為對抗著內心的遺憾；夫妻逐漸疏離、疏離而至怨懟，雙方掉進心中的黑洞！

愧疚的丈夫，容忍她的放恣；他對女兒的思念，讓他無以對不知情的妻子。

所以，誰能主宰一切呢？誰有能力解決「上帝」的問題呢？

一個善意的謊言〈避免大家承受不幸的痛苦，卻滋生大家更多更大的痛苦〉，造成之後連串的糾結。

誰能克服人性呼喚？尤其這骨肉之親的愛。割捨是一刹，重尋是漫漫；揪心的思念與自責，時時刻刻折磨著大衛；詭譎的人生裡，誰無辜、誰又是加害者呢？

片中另有思考：怎麼看正常與不正常呢？

雙胞胎的哥哥，獲得了最好的栽培、照顧，又聰明、俊秀……；卻在現實不堪的情境中，歷經衝突與掙扎。

先天疾病在身的妹妹，則在溫馨與和平中成長；「希望妳說願意」那一張卡片，何等突顯她天使般的生命。

每一個生命都有試煉，方式不同；每一個生命都有禮物，內

容不同。

醫生決心找回女兒，他渴盼爲當年錯誤，有所彌補。

生命能否彌補什麼？也許，每個人都有想彌補的事，也以爲可以補救什麼、挽回什麼。

被命運折騰得如驚弓之鳥的生命，卻發現一切的彌補，都似乎—不及與無力，這個不及與無力的事實，也是人生沉重的事實。

醫生發病而逝的片段，令人不忍張目。

隨之，劇情更波濤洶湧，卻驀見旭日升起—作者、編導竟在苦汁中提煉、提煉理解與寬恕，理解與寬恕化盡苦澀，糾結頓釋……；原來，人生唯一的救贖，就在這裡！在自心裡！

片中護士曾責備大衛：「你省掉很多痛苦，但也失去很多快樂。」此句何可忽略！

我們都知道「生活裡總有不圓滿」「人生中總有不足」「人性中總有缺陷」…；但我們仍害怕著，我們以爲逃避或處理它，「缺憾」就不存在；影片否定了這一點，沒有什麼是可以逃的，唯待誠實面對、謙卑領受。

生命太弔詭，片中每一個人都非刻意造成傷害，仍一起陷溺了拔不出來的深淵；他們每一個人都近於「完美」，卻由生來「缺陷」的女兒所召喚…！

人性之善，不斷帶來曙光；但生命個體都不免付出了相當的代價。

我想著：人生的辛苦，不全在「無可自主，想自主」「無可承受，須承受」；人生的艱難，在洞察之後，清清楚楚知道：自己根本無力自主與承受！

這是接下人生功課的開始。

或許，人心中都有一個隱藏的遺憾；而這位「不存在的女兒」，

卻是眾人的救贖。她出人意外的活下來、她的笑容「純淨如洗過的藍天」、她的天真話語、撫平了人心中的皺褶;「缺憾」是另一份有深長意義的禮物。

單純的美善,才能縫合一切缺口、喚醒原始的愛、自然懂得、自然寬諒;愛仍在,一切都不必特意去彌補了。

再看「不存在的女兒」

昨天,終於有機會看完全片,想補述一點:

醫生大衛一念間送走女兒,出於內心的恐懼;恐懼竟來自專業知識〈判斷女兒活不長等〉和人生經驗〈其妹之病,導致其母終身憂鬱〉。「憂患心」由此而生。

護士姬爾一念間留下女嬰,出於內心的悲憫;女嬰啼哭之聲,若生命的呼喚;自性流露,她,無懼。

大衛在漫漫歲月裡,時時掙扎;懊惱、自責,蠶食著他的一切。姬爾在撫養女嬰的過程中,獲致人生的豐盈和「圓滿」。

看來美滿的醫生家庭內,時時暗潮洶湧,人人都有心結,阻擋著彼此靠近;醫生避開了他的恐懼,卻製造了他始料不及的「崩解」。

孤單的姬爾,反而得到了一份平凡的溫暖,終使女嬰生活在

爹地和媽咪的關愛下,安全、快樂的成長。

大衛醫生的心,在「放下」女兒開始,即漸漸枯萎…。他希望維持的「家庭美滿快樂」頓時已如夢似

幻…。

片中有一幕尤感人，在父母疏離中長大的兒子，對母親這樣的安慰：「他也想念她，他也和妳一樣失去。」有過不解、怨怒的兒子，卻在此中覺察、成長—當憤恨消失，理解和體諒才出得來。他對同胞妹妹與父母，純然天性的展露，如片中破雲而出的日光。一切—原來如此！

生命各有其曲折的境遇，生命也各有其恐懼，各有其走出傷痛的方式；惟不論如何，天真的菲比，沒有怨、沒有怒，她渾然不知人生中的幾番變化；她將手中一束花分成兩份，一份給養母，一份給生母，她心中充溢著：母親節快樂。

人的聰明，是否在不覺中製造著問題？人的渾璞，卻在自然裡救贖了大家。

我要你快樂

我要你快樂。

有人說，保持迷糊，比較快樂；我的經驗是：維持清醒，更為快樂。

清醒未必不哀傷、不憂慮……，千迴百轉地起伏，是一層層濾淨的過程。

有人說，快樂沒有這麼簡單；我病痛、我失落、我願無成、我志未酬、我一無所有…，如何快樂起來？

快樂，真的不能

辯論。

快樂很單純，不待附加條件，只看自家體驗。

的確，生命都在變遷中、風險中，箇中很多轉折，也不容全然自主；我們都有蜷縮一角，任不快樂蠶食或鯨吞…無力至極的經驗！

生命是欲求不滿而學不會快樂、還是為盲動的情緒所驅而六神無主？徒勞追尋、枉然付出，落得掏空般的疲憊、疲憊折磨著枯乾的靈魂…。

能不能就在此刻 —— 下定決心結束那曾經或持續的不快樂！

當我的四周充滿怒聲，我即想像著一個靜謐的午後，坐在堤邊，看浪花輕舞的愜然；當我的耳邊充滿批判，我亦神往著在拂曉的微風中，漫步在清新山道上的怡然…。

這，或非超越，但，絕非逃避；我想選擇：中和看事情，平和看心情。

我可否要你快樂？不受情境所轉，不為際遇所制；我們當拯救怒火中燒、意氣難平中的自己！嚮往自由的我們，怎容心靈日復一日地被禁錮在原地呢？

現在，就停止那個不快樂的心情吧！

在愈理解人生有沉哀此際，即愈能理解快樂的價值 —— 生命可以重建、可以再造；我們也要讓快樂以新的面貌、內涵出現。

也有人說，感覺太敏銳，會奪走快樂；我卻以為「沒有感覺」，更易陷入「不快樂」中。

悲憫常起於積極的人心中；當生命能更勇敢的面對現實，並親身改變自己的心態、習性；快樂，會悄悄的在心中飛揚。

我要你快樂！且以不變之快樂心，應萬變之苦痛情！或許，

我們能在巨浪般的情緒後，回首那備受愚弄的自己，大笑那個自縛自囚、自我折磨的自己！

當我們終於有力量，能真誠又勇敢的面對自己、面對人生時，此時，真正開啟了快樂之門 ── 快樂不是夢幻，它真是不可思議，我們不再那麼害怕了，我們發現盡一點心、出一點力，就是快樂的源頭了。

快樂是多麼單純。就是靠近、關懷；就是欣賞、感謝；就是寬宥、釋懷；快樂，招架不了複雜！此心在此，快樂在此！

怎能不警惕？自覺被負、自覺受害，是快樂的最大殺手！心存較量、心存怨懟，是快樂的最大威脅！

我可否要你快樂？快樂看繽紛世界，快樂聽生命脈動 ── 它們是如此殷切的邀你共賞。

快樂是一種清醒的含納與攝受，當春花凋謝，秋冬到來時，生命，必能在蕭索嬗變中，微笑回味人生中溫潤不盡的快樂故事。

我要你快樂。快樂非判決，快樂是選擇；快樂非賞賜，快樂是功力。

殘酷的體驗

這是一部影片中的對白：「我現在在這裡，已經足夠了」。「這就是一種快樂」。

我只看了這部影片的最後半小時。上網去查，片名是「影子大地」。可惜，我又錯過一部直覺的好片。

女主角說：「現在的快樂裡，也包含未來的痛苦」。「人生就是這樣了」。

為什麼這麼平常的話語裡，有這麼直擊人心的力量！

男主角安東尼霍普金斯，自然的以其豐厚素養，細緻又有力

地詮釋、表述…；不，如演自己的人生。

他在片中，是牛津大學教授，素日，「理智勝過情感」，生活謹嚴有序；在遇到了美國女詩人喬伊之後，她，為他新啓了另一個豐邃的世界。

如詩的人生才展開，悲愴的音符已同時輕輕地奏起…。喬伊生病了！

「你能做什麼嗎？」他問自己。從來自信滿滿的他，感到軟弱。他只能以「親愛的，好好休息」，慰解彼此。

他頻頻自語也向所愛致謝：「妳讓我這麼快樂！我從不知道，我能這麼快樂！」

他在祈禱詞中加入了這樣的表白：「原諒我愛她如此深切！」「請悲憫我們倆！」

她發病。她說著：「對不起…」。她辭世。

為什麼這麼尋常的字眼裡，有那麼深刻動人的意涵！

一直以理智自持的教授，不知如何承受這麼強烈的失落！

他一直在指導別人，未知上帝驟然給了他這樣切身的「學習」！

在親身的體驗中，他喊著：「經驗是殘酷的老師！天啊！這種學習！」

經歷深層的靈魂悸動，旋即消逝的失落，讓優雅自制的教授、讓有清晰思路、深湛學養的教授，痛苦的呢喃：「不會好的！失去她，只是一團混亂、一團糟！」「對，沒有用！」

那種痛，能求助於什麼？

當片尾，失去愛人和失去母親的一老一小──教授和喬伊的兒子，相擁放聲時…。我才看到有絲絲力量，讓他直視「殘酷的學習」，以及它在人生中的意義。

　　滿腹經綸未必使人脫胎換骨，親身體驗點亮了所有的典籍！真實人生比宏富理論更劇力萬鈞！更 —— 令人抵擋不住！

　　半小時裡，只能記下這幾句；這寥寥數語，已足供思索、尋味…。

力量在那裡？

　　「叫我第一名」？第一名是什麼？是資賦優異、出類拔萃？是成績領先、頭角崢嶸？

這個第一名的孩子、第一名的老師，從六歲患病到終於如願為師，歷程裡寫滿了質疑、嫌棄、羞辱、排拒、否定…，交相逼來，如影隨形。

　　他也壓抑、也迷惑、也失措…。那麼，是什麼力量，讓他未在這漫天烏雲中扭曲、萎縮；他逐漸走出了陰霾，活出他要的陽光般的生命。

　　父母的愛，當然是支持；遇到懂教育的校長，當然是可幸；遇到成熟、洋溢活力的伴侶，更是可喜；但令人震驚的是：上帝給了他這麼嚴酷的事實，竟同時也給了他如是心靈—在醜陋中看得見美好，在無望中種植著希望；堅強、樂觀、活絡的心性，滋長著他的生存力量，給予他不竭的學習、成長、療傷、再生的機會，成為他一路自助自救、自立自強的支撐，成為他坦然承受，不乞憐、不怨尤，繼續生活、前進的韌力。

　　這個真人真事改編的電影，這個「第一名」，來自他所呈現

的生命情態。

　　我以爲：重點不全在他克服病症、實現夢想；他的努力，給人深刻啓發的是：生命不論被剝奪了什麼，仍有自主追求生命價值、尊嚴和幸福的權利。

　　心的方向，主導著人生的方向。所謂「殘疾」，劫奪不了心志之所往。

　　力量即來自於他始終保有這顆健康的心，健康的心助他以理性看待如實一切，助他寬容、體恤…；他仍柔軟，才能坦然接受自己，才能自然去關懷、照顧其他的生命。

　　「叫他第一名」，他實至名歸。片尾，他以生命歷程，結晶如下致詞：

　　「我要謝謝我的同伴——妥瑞氏症，我從這種病上學習一切，它是我所遇到的最好的老師。」

　　「絕不要被它們〈挫折、屈辱…〉阻止你追求夢想 —— 包括愛情、工作…。」

　　每一句都是親身的經歷與實踐。

　　布萊德老師面對現實、接受自己的精神，是第一名；他永不放棄的態度，是第一名；他因此擁有愛己愛人的能力，因此而不爲「命運」宰制，智慧與勇氣多麼動人！這個事蹟，能鼓舞多少無助無力的心靈！

　　片中尚有數言，令我印象深刻：

　　1.要以小孩的眼光看世界：我要做什麼？不要以成人的心態看世界：我做不到什麼！

　　2.我要成爲讓學生期待上學的老師

　　3.看著學生名單，像是看著大聯盟球賽的先發球員名單。

人生若只如初見

「人生若只如初見」，真是寓整個人生在其中；我們用了這麼多歲月，印證清代詞人納蘭的這一句。

人生向前，忐忑未知；人生回首，空自悵惘。果然，只合當下。

「當時只道是尋常」「人間何如不相識」…，這聲聲輕唱，扣人心魂。

以前認定：「相見爭如不見」「相見不如懷念」，或軟弱或逃避；現在始知：它們何等淒楚、透徹！

物換星移，情隨事遷，一切縹緲；體貌不再、心情不再、幻想不再、連任性與勇氣也不再！

歲月磨損的很徹底，即使偶有波動，也只能拭淚和歌，唱一首「大江東去」！

般般俱往矣。

西風殘照裡，人生如一片白茫茫的大布，只寫著「若只如初見」！

正是風煙俱淨時，恍忽前塵如夢。

果真是人生莫追憶、莫追索！飲憾吞聲，就是認了 ── 全盤收受生命裡的抑揚頓挫！

南風已起，煙花三月不捨，也只能留在畫中、詩中或眉間心上的「思想起」…。

「人生若只如初見」，就能一轉乾坤，心願得償了嗎？

初時是天真？是渾沌？剔透與渾璞又如何？

豈悉幾番風雨後，本來面目何在？

豈逃得出暗中偷換的流年？一片冰心的詞人，也不免「人生若只如初見」的唏噓了！

追不回初見，不是追不回初見的心，是追不回初見的年光！追不回那個年光裡的「恣情揮霍」！

可拳拳思君頓老不惜、可熱血酬君負盡不計！

年少時的揮霍啊，竟是最慰此生、不凋的一朵心花。

「人生若只如初見」，詞人將悲歡離合都熔鑄其中；惟納蘭敦厚，語不激越，淡淡而出…，我們可解其味？

那雙眼睛

那天，在信義威秀看了一部記錄片：「乘著光影旅行」，我解讀爲：「馳騁夢想去追尋、體驗人生。」

對主角的深刻印象，不只是他獲得五座攝影金馬獎的功力，不只是他被譽爲「光影詩人」，而是那雙眼睛。

那雙眼睛，也不盡在他捕捉光影的精準、獨到；觀眾被觸動的，是他在鏡頭裡、眼神中，流露的人生哲學。那些歲月提煉的精金美玉，伴著節奏有度的嗓音，交錯著光影迭現、抑揚有致的人生旅程。

光影是什麼？不談攝影技術、視覺藝術，它也是流動的時光、是片段的記憶、是人生的變化…如風一般的來回，留下深深淺淺地印記。旅行是什麼？是一種心動、一種投入；是一程又一程、一站又一站的尋索，也是隨「風」飄盪的人生。

那麼，一雙眸子，能承載多少歲月的重量？能收藏多少生命

的印痕？夢在、夢醒…，幾番輪迴？

那雙眸子，找到能量的源頭〈親情繫念〉，看到生命的實相〈百態如幻〉；它在絢爛裡保持平實，在日常裡創造繽紛；它有洞明後的灑然、灑然中的落寞……，聚攏在一雙半睜半閉、或垂視或遙望的眼中……。

它有時豪放如野火，有時岑寂如寒潭，熱情捲來或無言告白，都是生命中迭變的風景、織成一段段深度的旅行。

他真的只想說：「時光流逝，人事已非，生命還有希望、一點點光…。」？

我赫然 —— 靈魂的受苦，不可訴說，眼淚也不能下酒；慷慨話當年之際，也只能閃在繁弦急管後，讓變幻的光影演示飄泊的生命，讓觀眾各自體會那深沉的眼裡濃郁的人生況味。

所以，這位攝影大師的成就，不全在技術的鑽研，他有自己的生命觀，以此靈動觀照僵硬地現實，他遂有餘力、能力拓展運轉的空間。

他以融入的姿態，平衡孤獨的心靈。

他極致的殊榮，是以苦汁所釀；他的獲得，是以他的失去所鑄。

沒有光影的時候，他踽踽的背影，有著更強烈的訴說。

我要重覆：他成就斐然，不消多說；我只在此，憶及那雙眼睛，做另番解讀。

沒有這樣一雙眼睛，表達不出那些幽微、細緻、充滿生命感又如此自然順應的鏡頭、那些豐富的訊息。

或許，在人生的旅程中，我們帶著夢想追尋、馳騁、昂揚；我們也有可能像斷了線的風箏，隨風飄向天空，飄到那裡呢？曾經的美麗光影……，刻進記憶中吧、幻化成餘味不盡的詩歌吧。

生命之筆

【「行動劇」若「遊戲」；「遊戲」有其莊嚴或深刻的內涵。佛典中亦稱「遊戲」乃「不可思議的法門」。「入山深」「入戲深」，冷暖自知。】

端午剛過，炎夏即君臨台北。週六午後，我從捷運下車到中正紀念堂主樓，十餘分鐘就頭昏眼花；但在傍晚走出演講廳後，我卻忽然流連，徘徊花叢，隨意拍著群芳姿容。

文史哲出版社寄來請帖，這是行動詩人杜十三先生的新書發表會，周大觀文教基金會也同時頒給詩人「2010 全球熱愛生命文學獎」。我被「生命之筆」所吸引。

「人間一道曙光」，在講台中央照耀四方。首先致詞的是南方朔先生，他提到詩人是「畢生志業在挖生命的根源」；由底層挖，挖出生命的色彩。諤諤之士，特別以詩人名句「石頭因為悲傷而成為玉」為喻，凸顯詩人的「悲憫」特色。

陳曉林先生隨後指出：詩人的創作精髓，在「對人性尊嚴的呵護」、在以生命關懷激發創作能量、在以美育替代宗教⋯⋯。曉林先生當年在高中時代，即以「覆霄霄」一文，被視為奇葩；那篇文章曾深深撞擊我十五歲的少年心！首度遇見少年時的偶像，我已歷經哀樂、心驚逝水流年⋯。

當鄭愁予先生走上台，但見先生腳步已慢，惟開口竟鏗鏘若金石 ── 「我們還能為這個世界做一點什麼？」他再請大家注意杜十三的作品，是「一腔熱情」在胸⋯。

接下來的一幕，杜十三以跪姿，接受前輩象徵「傳承」的賜予，台上諸人，皆披白色長袍，意蘊亦深，詩乃生死以之⋯。此時，屈原之句，跳入腦海：「亦余心之所善兮，雖九死其猶未悔」！

撫今念昔，令人屏息。

我承認：也走過一些歲月、見證一些生命的我，在生命的課題前，不由默默拭淚；我感動於一個「悲憫」的力行者、我驚嘆幾度「物換星移」，詩人們猶未忘情創作的主軸 —— 為此生寫作、為生命寫作，以愛中之愛的悲憫，開啟智慧與創意。

出場後，我忽然想去拍花，拍天地間的柔情。

熙熙攘攘的台北街頭，人來人往，各有所求；但我嚮往，躁熱不堪的街頭，仍有詩沁涼入心；仍有堅持的靈魂，化自己為一道道的曙光。

我還未及閱讀詩人，詩人說結集出書，是「對人間社會的一份真誠的獻禮」。有感於此，我坐回桌前，聲聲敲打，回應「生命之愛」「生命之筆」。

歡迎！女兒

〔有妳，真好！〕

我的女兒今天回國、回家了。

現在是 2010 年 6 月 21 日晚 9 點半，我坐在桃園機場第二航廈裡等候，看著長榮航空從舊金山飛回的航班，是「OnTime」，我的心，彷彿揚起一首首樂章。

我離台十二年的女兒，將在十點左右，出現在我的面前吧。即使這段期間有數次往返，但，今天接機，是她已完成宿

願，學成回來。

　　她必然已非當年拎著兩個皮箱，不經世事出遠門的女孩；年復一年，異鄉的奮鬥，恐怕不是以意志與耐力即可承受、恐怕也非淚水與汗水可以描繪！

　　十二年，這是一段怎樣的歲月？

　　對我、對女兒，都是「欲說還休」吧！

　　我想起當年初次送機，慌得不知如何是好；接下來的幾次，心，仍是一空又一空；最後，下定決心不再送機；但，接機呢？匆匆聚散中，又夾雜著洶湧、複雜的什麼呢？

　　怎麼揮去那些場景？從目送女兒的背影、到轉身不看她出關、到歸途中失神的望著遠方…。

　　不是這般不捨離別、不是如此脆弱依賴；多麼殷切想分享一切、多麼眷戀陪伴的溫暖！

　　芝加哥的冬天很漫長，我曾在探望的旅次中，親見女兒從圖書館出來，跋涉在雪地中，厚重的書籍使她的肩膀明顯地斜向一邊…。

　　那身形是如此瘦弱，影子好長好長的向前…。

　　我定定神，十點半了，我的女兒，即將入境了！

　　我何必再回想這十二年來，母女的各自歷程，或更多歲月的歷程；相迎歸來，就是莫大的幸福。

　　「有妳，真好！」，我回味著女兒的這句話…，我的心，再滿足不過了。

二十二年後〈一〉

　　人生不相見，動如參與商一在天之涯，一在地之角二十二年後一見，這些詩句一點也不誇張了。

今日何日，再聚一堂。

赴約的路上，我提醒著自己：今日不彈淚，今日且暢懷！

是二十五年前吧，我接下了這一班，只期許自己是陪伴者和守護者。

陪伴青澀的生命，守護純真的心靈。

二十二年後，妳們各有其所、各有其成。

當年，那篇「俠骨柔情的事業」，寫教育，也是為妳們而寫。

我見證妳們的少年歲月和一路成長。

今天，我笑望眼前麗人，回想少年情事…；時光太匆匆，相逢若夢中；二十多年後的相望，竟不敢細加端詳、竟有不可名狀的情怯！

歷經哀樂人生的我，已久未流連什麼了，但，我在散去，置身街頭時，竟片時悵忡忘返；宗瑜話別時灑在我肩頭的兩行淚，頓時流入胸懷！

我回首，大家各自消失在人群中…；高三智，我忘了告訴妳們：我的愛依舊！

我仍是當年不吝也不憂此言的老師，那是支撐我站在妳們面前的力量。

曾經說了三年，卻隨後空白了二十二年。

明日隔山岳，世事兩茫茫。

前人詩句如此寫實！

二十二年後〈二〉

當敘理投入我懷，即使已成就斐然的她，剎時又換成當年那個令人疼令人急的孩子。

我總是穿過馬路，到對面修會，憂心著她吃飯了沒？

是命運嗎？她過早承受人生深切的苦痛；但，歲月也在這絕對無依的孩子身上，創造了傳奇般的美麗。

我不欲再讚美她的堅強，我驚嘆她把生命擴大了！那清秀的臉龐上有比毅力、獨立…更令人動容的東西。

她挺得住，從生命苦汁中有所提煉，化為新新不已的力量 —— 生命的美與信念是最終的報償，她終究無傷。

十多年的為師生涯中，她照拂著多少生命，她活得何其豐富。

我只想說：這個生命好動人！

二十二年後〈三〉

有同學說：自愧無成，不敢見師友。

何謂成就呢？

能真實做自己

能勇敢對現實

能自我超拔

能身心健康

能愛人助人

就是第一等成就了。

客塵多煩惱，人生多拂逆；而純真依舊，夢想猶在，這是何等可貴！

時間多無情，生命多無常；而重聚一堂，再掏心腹，這是何

等美好！

　　品宜還是氣質清新；怡綸仍是藝術家的味道；玉珍嚷著教育真難，卻是笑臉盈盈；世慶還是慧巧的模樣；大智更加出色；孟瑤十足良母氣息，美惠也是；更喜履冰的輔導素養，學子有福；敏莉仍是楚楚之姿；雅淇好能幹，展穎、育如、麗薇、倩倩、必貞…同樣讓我心動、心動！還有，我後悔沒有大大的抱一下郁慈！

　　不要在意我寫下妳們的名字啊！

　　果然，愛通過歲月，成了真正的愛。

二十二年後〈四〉

　　有一句話說：二十年後，你在做什麼？

　　Baby 可以成年，少年將至中年…。生命是各自在經歷人生。

　　那麼，是什麼支撐大家在悠悠歲月裡情誼依舊？

　　是晶瑩少年心、是共有的記憶、是一塊長大、一塊做夢…。

　　在喜怒哀樂最鮮明的年紀裡，大家曾一起流汗、一起流淚！…

　　青春同時奔放在學習、活動以及委屈和榮耀中！

　　今天，做為妳們高一到高三導師的我，在這一刻，望著妳們或偕夫、或攜兒，燦然於我眼前，我醉了…。

　　即使單獨的身影也如是美麗，洋溢著面對人生的勇氣與聰慧，我更醉了！

二十二年後〈五〉

　　我記得席慕蓉女士有一句詩：

　　「如果如果再遇見你

　　我還有什麼可以給你了呢？」

　　我在捷運裡候車，忽然想起這句詩。依稀記得詩人在結尾時

說：

　　「如果如果再遇見你

　　我會羞慚地流淚

　　為那荒蕪的歲月…。」

　　我想改寫，或作他
解；今天，我們沒有羞慚、
沒有荒蕪；去去經年，再
相逢時，大家臉上綻放的光芒，讓我看到：

　　所有的夢想，沒有枯萎

　　曾經的純真，依然燦爛

　　不負自己，不就是最好？

　　而我，還有什麼可以再給妳們呢？

　　感謝大家成長的這麼好、這麼好！

「情」解

　　打開電視，方知今日七夕。坐回桌前，佳句翻飛，想見其境；
權以數字，借為「情」註。

　　1.「來如春夢不多時，去似朝雲無覓處。」

　　註：聚散如是！

　　2.「無可奈何花落去，似曾相識燕歸來。」

　　註：悲喜交集！

　　3.「滿目山河空念遠…，不如憐取眼前人。」

　　註：亦自憐耳！

　　4.「無情不似多情苦，一寸還成千萬縷。」

　　註：豈悔多情？

　　5.「情懷漸覺成衰絕，鸞鏡朱顏驚暗換。」

註：意冷心灰！

6.「天不老，情難絕。心似雙絲網，中有千千結。」

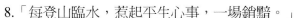

註：何苦自縛？

7.「當時輕別意中人，山長水遠知何處？」

註：頓成隱痛！

8.「每登山臨水，惹起平生心事，一場銷黯。」

註：般般俱往！

9.「今宵酒醒何處？楊柳岸，曉風殘月。」

註：無人與訴！

10.「新來瘦，非干病酒，不是悲秋。」

註：欲說還休！

昔任公有云：「不恨年華去也，只恐少年心事，強半被消磨。」我隨筆所至，竟多哀婉之語，莫非心境亦憔悴？其實，吾人韶華雖逝，卻未老一腔豪情。試唱「水調歌頭」，猶感情韻豐沛，迴盪胸懷。

惟現實確確是「苒苒物華休」啊！昔人「悲歡離合總無情」也切切點滴在心頭啊！

「情」字如何可註？它是笑意是淚痕、如信仰如生命；各自體驗、各自參證。

〈哇！我猛一抬頭，好美的彩虹，此刻完完整整的在我的窗前—我且許願：祝福天下有情人！2010.七夕晚 6.30〉

自 問

這朵花多麼舒卷自在！她完成了自己！

一直到現在，我其實最常縈心的是：自處的問題。

常常這樣問自己：

一、對耳熟能詳的字眼，諸如「無常」等等，是否切知？人生態度是否改變？

二、對親身體驗或領悟到的道理，能做到多少？

三、洞察、覺察，不只在個人問題上，在面對生命的現象上，有多少定力？是否能清楚的化繁去蕪？

四、若有連番拂逆，是否仍能保持開放、柔軟的心，繫念著如何繼續學習？

五、在看到自己處理問題的拙劣、看到自我情緒的摻雜、看到無以為力的事實…時，下一步當如何？

六、我若不隨外境轉，什麼是我立穩腳跟的基石？

七、在每一個喜怒哀樂、悲歡離合的當下，我如何

和自己相處？如何安頓此心？

　　八、當時間完成了一些心願，時間也輾碎了一些夢想；斜陽餘暉，情懷如昔；此時，我怎麼告慰自己？

明月幾時有

　　明月幾時有，把酒問青天。

　　不知天上宮闕，今夕是何年？

　　我欲乘風歸去，惟恐瓊樓玉宇，高處不勝寒。

　　起舞弄清影，何似在人間。

　　轉朱閣，低綺戶，照無眠。

　　不應有恨，何事長向別時圓？

　　人有悲歡離合，月有陰晴圓缺，此事古難全。

　　但願人長久，千里共嬋娟。

　　咫尺不見，猶如千里。

　　東坡於宋神宗熙寧九年，中秋夜半，仰觀皓月，俯思親人；借杯中之酒，消胸中積愫，悠悠心緒，成「水調歌頭」。

　　此詞流自肺腑，渾若天成。問天問己，似醒似醉；以出塵之姿，抒心中之痛。

　　詞中人生閱歷、生命感懷、現實情境…，相逐起伏，掀動波波心潮：或激越、或超然；或颯爽、或雅怨；情思繚繞，吾人亦在其中；真氣淋漓，直若仙風撲面！情景相融中，人讀之，人會之；東坡的心事，正是眾生的心事。

　　心事丫頭萬緒：嘆時間流逝、嘆命運難悉、嘆人事難全。惟太息連連，仍見自解自安；身處侷促，仍能無往不樂。

　　我們且與詩人同歌同吟，流暢的旋律，翩然的身姿；共忘人間憾事，且盡今日之歡！

　　我不禁也問：「明月幾時有」？自古此問不絕，揭示了多少人生課題？「我欲乘風歸去」，道出了多少世人心聲？惟人生「美中不足、好事多磨」，惟人生「進未必福、退未必禍」！

　　今宵明月當空，盡洗塵埃，此情此景，有誰與共？此東坡心懷，亦眾生心懷。

　　東坡手足情殷，唯兄弟各自東西，身不由己；頓知人生之難，有所得即有所失；進退兩難，何以自處？再悟人生如幻，無可安頓！

　　當年，兄弟「夜雨對床」之望，竟遙遙無期！東坡醉中放歌，直承飽受悲歡！但月不解人，「轉朱閣，低綺戶，照無眠」，語句輕靈，內蘊千鈞；是什麼在一點一滴地流失呢？佳餚美酒也消不了此中幽懷！

　　「不應有恨」一句，字字敲動心弦。東坡問月又自問：這人生連番闖關，世事人情而今雪亮，卻是「事事難自主」「此事古難全」！灑落如東坡，竟也「淚千行」，空留喟歎！

　　才高如東坡、學富如東坡、境界如東坡；能突圍、能超越；了解人生如「飛蓬」、如「雪泥鴻爪」、如「空裡浮花夢裡身」…又何免共看明月、所思不在的愴然。

　　當然，東坡是有力量的，學識襟懷識見，都是力量；他終能幾度轉折後，平和的祝福：「但願人長久，千里共嬋娟」。他為自己、也為眾生，再度點亮一盞生命希望與幸福的燈。

　　達觀語多傷心人，哀憫化為慧語，乃哲人情懷。超然之姿亦多屬被動，若生命再造，需經多少歷程！自勉語亦有辛酸情，血淚所至，有理性之自救、有感性之陶鑄。

　　結尾那「但願」數語，是千迴百轉後的餘韻：

　　這人生啊！完全理解、完全接受。咫尺不見，猶如千里。無

可如何之際，但期「人長久」、但期「共嬋娟」。

超然通達中，就沒有幽愁暗恨嗎？

取諸懷抱　晤言一室

如果說，付出自己的心，是件很美的禮物；今天這個早上，我多麼情願給大家這份禮物。

有一句廣告詞很醒人：「什麼樣的時刻，值得永遠留存？」

就是我們柔軟下來的時刻

就是我們開放心靈的時刻

就是我們全心感動的時刻

就是我們真心分享的時刻

就是我們付出自我的時刻

這是最美好的禮物，這是最幸福的時刻。人生的美滿，就在此時此刻。

一、由「心痕履影」說起

我怎麼會寫這本書？

有的作品，是磨破腳跟而來，那是行萬里路，累積了豐厚的生活經驗；有的作品，是由磨破衣袖而來，那是讀萬卷書，蓄積了深厚的人文素養。

　　「心痕履影」的前六篇，是本書重心。那是二年前退休時，我在淡水沙崙路，在美國芝加哥大學密西根湖邊走路時，每一步都情思澎湃。坐在漁人碼頭的木棧道上，坐在密西根湖畔的石塊上，無法克制地想寫。

　　我決定導讀本書第一部份：「閱讀自己」，它們代我回答了為什麼有「心痕履影」這本書。

　　這十四篇迴旋反覆，頗有「剪不斷，理還亂」的感覺；情、詞都過於直露、熱烈，不同於我平素喜歡的含蓄、蘊藉；直抒胸臆，正是本書的特色。

　　我在落筆當下，就知道它們缺乏醞釀，深思不足；惟當時心境，容不得我細心推敲；我只想秉筆直書、只想盡開心門，讓萬語千言，滔滔而下。

　　今天，不談文章得失，也不在對錯好壞上追索。我允諾為讀書會，為景新分館這個活動導賞，就一無顧慮。

　　素直的心，如朗朗十月天。

　　提筆寫作，乃「心的探討」。願在座諸君，「換我心為你心」，相感相契，共譜一段樂章，共創一段回憶。

二、聯想王國維《人間詞話》三境界

　　人間詞話云：古今成大學問、大事業者，必經過三種之境界。「昨夜西風凋碧樹，獨上高樓，望盡天涯路。」此第一境。「衣帶漸寬終不悔，為伊消得人憔悴。」此第二境。「眾裡尋它千百度，驀然回首，那人卻在燈火闌珊處。」此第三境。

　　以往，只是解釋字面文意，悠悠歲月後，但覺絲絲入扣。我雖然離「境界」望之不及，但，一路走來的歷程，我是可以自覺自證的。

徬徨、追尋、投入、堅持，多少千迴百折、多少幡然憬悟！

當我勇敢地直視自己的生命時，我覺得自己已走過了第二境。我告慰自己：確實已全力付出了，而且，在「退出」之後，欣喜的發現：「成敗得失」已不是我的重心。同時，在完完全全坦白、真誠的面對自己後，我脫下了非常多的桎梏與枷鎖；因此，即使平凡、匱乏如我，沒有大事業、大學問，終能心領神會這三境界。生命的翻越，是來自千山萬水的跋涉，「一步一印」、堅定地走也好、跟蹌地走也好…，終於走出一點生命的滋味了。

只是，我「言有盡而意無窮」，期待諸君各有體會了。

三、書寫之際

常聽人說，人生有二本存摺，一為銀行中的數字，另為生活中的見聞思感。後者生息多，且永不匱乏。

我在序文中強調：

1.素日蓄積，肺腑即為泉源。

2.握一枝筆，捧一顆心寫著。

3.「悲智」的生命光輝，由苦痛中默默提煉。

4.捨得下的胸懷，解開人己間重重網羅。

5.余心有寄，念念生命。

我嚮往「寬柔人生」。教書、待人，一心在此。人必柔軟而後能強韌。「多少柔情多少歌」，這是生命姿彩。

我看李安的「斷背山」和「色戒」時，發現在最沉重的情境裡，也能感受這位導演獨具的一腔對人生的柔情。

「投入，是一種燃燒；出離，又何嘗不然？」悲智的生命光輝，由哀哀苦痛中默默提煉。「奉獻，是一種慈悲；決絕，又何嘗不是？」捨得下的胸懷，解開了多少人我之間的網羅！

「余心有寄，念念生命」，人生，一切都有盡頭，惟一分光熱，恆與生命同在。

四、「閱讀自己」導賞

第一篇

1.我怎麼看自己這一生？

2.清楚自己的過去，才能有新思維、新步伐、過新的人生。

3.頻頻自問，無法有完整答案。

4.勇敢追夢，耗盡心力，如夸父追日，遙掛天邊。

5.熱切生活，美景無限；生命問題，令我不安。

6.「不由自主」與「無能為力」，曾經摧折著我前進的勇氣和信心。

第二篇

1.獨立蒼茫，但感「天地悠悠」！

2.生之意志、生之意義，就在生命現場。

3.磨難無止境，進步亦無止境。

第三篇

1.所謂「枷鎖」，包括環境的無以著力和自己所犯的過錯。

2.在生滅的相續中浮沉，身陷茫茫，情何以堪。

3.外在條件非安頓之本；知止、知足，力量再生。

4.盲目抓取，自我愚弄；一念之差，難回當初。

第四篇

1.體察自己的痛苦，才能理解別人的痛苦。

2.嚐到了生命的艱難,更想好好愛護眼前的生命。

3.一點不忍,初衷猶在,是付出的根源。

4.性靈相照,教育善果。

5.良知為後盾、勇敢做自己、不斷求成長。

6.人生不等待、變化須臾間、感恩要及時。

第五篇

1.每天問:今天,我能為生命做什麼?

2.被負面情緒覆蓋的生命,活得昏沉又辛苦。

3.擔當,即是無求、無待,樂在付出。

第六篇

1.無法擺脫的苦痛,緣於太強求,太自以為是。

2.生命必有懸而不解的問題,有時,解不開、逃不掉。

3.穿透得失、成敗,看那「真實的自己」。

第七篇

1.親人間的互磨至苦!

2.先伸手和解,創造善的循環。

3.成熟的心,即是轉「恨」轉「憾」為同情為了解為愛。

4.生命考驗,誰能倖免?切勿「落井下石」。

5.掙扎在「不甘心」「不服氣」「不肯原諒」的關卡前,是看不到天光的。

第八篇

1.思慮云為都在砌築更好的人生。

2.人的性格、習性太深，幸福與快樂更難穩定。

3.覺察、行動，助我們「脫胎換骨」。

4.以「新」的心破繭。

第九篇

1.疲憊中，頓感一片空幻。

2.過於自責，消耗能量。

3.既成事實，無法恢復，如滾石上山，徒勞自苦。

4.生命體本身豈有無奈？自足自適，悠然自得，是人生修爲之果。

第十篇

1.獨立的根基不穩，生命在飄搖中動盪。

2.夜夜握筆，爲自己找支點。

第十一篇

1.爲自己寫作，寄託心志，抒發情懷。

2.我能做什麼？想做什麼？我當在此生中完成什麼？

3.生命淒涼在「無告」「無訴」。

4.自勉一個「不怨」的人生。

5.困頓之後，仍胸有日月，背有脊梁。

6.性靈復甦，希望所繫。

第十二篇

1.我要知道自己是在進步，而非停滯或陷落。

2.以磨礪的筆，記錄自己的人生，鼓舞自己的心魂。

3.在心中植一株大樹，讓它向上伸展。

4.點亮心光。

第十三篇

1.「虛幻的追求」「枉然的熱情」…，也有可貴的過程。

2.勇氣、覺知、擔當，伴我書寫、伴我完成。

第十四篇

1.追尋 ── 投入 ── 回歸。

2.執筆寫心路、留心痕，但期不負平生。

五、「心痕履影」的延伸

（一）重新思考「老生常談」

1.世事難料：平常的話語，卻是人生全部。

2.順其自然：到了什麼季節，就享受什麼季節。

3.人各有命：平生事，只如此，一飲一啄，各自有份。

4.自尋煩惱：多少人事「錯用心」，枉然徒然，都落頑癡！

5.面對現實：力量來自清醒，清醒才能慎思明辨。

（二）迎接日新又新的人生

1.痛定思痛：痛後能「思」，乃成長契機。

2.與人為善：如果我們受過的苦，能助人不再受苦，這就是受苦的意義。

3.微笑含納：一笑泯怨仇、一笑解千慮、一笑釋積憤。體現「一笑人生」。

4.心存感念：「你的雙手，為了我，做了多少年」「我的媽媽怎麼變得這麼老了！」

5.保持信心：允許自己「不夠出眾」、允許自己是綠葉、允許自己在幕後。

6.堅忍恢宏，造一個器宇軒昂的自我。

（三）體認自己的幸福

1.以播種自居的人，不求報償。栽培後生，實為福報。

2.遇到能照亮我們心靈的人，是人生幸福。

3.擁有不嫉妒，肯定你的特質和努力的朋友，是幸福。

4.師友前學習、師友前反思、彼此分享，精神相伴，何等幸福。

5.遇到「對」的人之前，培養自己就是最「對」的人，有機會改善自己，是幸福。

6.勿為「歷史」煩惱，接受存在的事實；勿為「錯誤」懊惱，過去，只能看到這些、想到這裡。「覺今是而昨非」也是幸福。

7.心靈有寄託，世事攪不亂。萬變中自有不變。這種面對人生的韌性，為幸福之基。

8.信、望、愛，是人生「逆轉勝」的關鍵。得勝，不在獲得；得勝，在克服自己。

9.勇敢去活去愛、勇敢不恨不妒、勇敢不要不為。

10.留一點餘韻、留一點餘思、留一點餘地。

（四）欣賞生命之美

1.不造作、不浮誇，誠實、有力的做一個「個人」。

2.解開禁錮，享受「情不自禁」－真淳流露、莞爾領受

（五）如實面對人生

1.現實很冷峻，我們需要互相靠近。

2.人生有荒涼，人生也有溫暖。

3.身處叢林，能不為荊棘所傷？

4.我們需要人帶路，穿過險峻山谷。

5.勿自己纏自己、自己傷自己，很多苦是自縛自囚。

6.勿「漂浮」（任命運擺佈），願飛翔（人人頂上一片天空）。

7.失落的一角，會見大圓滿。（「缺」的那一塊，常是「慧命」所在）

8.宿命轉換 —— 知命以待時。

9.以「緣起」探生命本源，灑落以應起滅。

10.遇事「先退幾步」。「退幾步」是「離境」、「離相」，不致身陷情緒苦海。

11.失去的一切，無可追尋；海闊天空，何跡可尋。

12.我們最後一次見到某人時，絕不會知道那是最後一次！（遺憾來自相知於今生，竟不及致謝！）

六、結　語

王羲之蘭亭集序有幾句話我很喜歡：「夫人之相與，俯仰一世，或取諸懷抱，晤言一室之內，或因寄所託，放浪形骸之外。」動靜都一片真氣，暢快淋漓。今日和諸位相聚一堂，把滾滾紅塵關在門外、把世間煩惱關在門外；抖落一身束縛，互以素心相見，我有無限的感激。

「千江有水千江月」「萬里無雲萬里天」，走過青青草原，走過幽暗深谷，今天的我們，目所見，是千江同月、美景無限；心所念，是萬里晴空、希望無窮。謝謝諸位，誠摯祝福。

如飛而去

來不及在封路前退去！來不及衝出壓頂的土石！生命，瞬間如飛而去！

螢幕上反覆報導著蘇花路斷的最新狀況…。

焦慮的親友，痛極、怒極、哀極！問人問己問命問蒼天！

六神無主，至親何在？

淒風苦雨，天地無情。

聖經詩篇似有一句：「我們度盡的年歲，好像一聲嘆息。」…。

我俯思：

我們能數算人生的日子嗎？

我們能洞察吉凶禍福嗎？

我們能倖免無常的網羅嗎？

開心與失落、完成與結束，這般匆匆、匆匆！

誰能逆料驟失回家的道路？

誰能預知那轟然的墜落？

誰能改變天旋地轉的毀滅、誰能改變在一瞬中發生的一切？

不可解、不可逃；一念間、一夕中；留不住、喚不回！

世間旅程，人生一場；竟不容留戀、不容再會！

我們費多少力氣，找「歸宿」找「依止」；奮鬥半生，求「安穩」求「快樂」。

卻是上一刻、下一刻；不待回神，頓然兩個世界！

難道是人心不及、人力不致，卑微的在各種機率中碰撞？

難道所尋所證的此際存在，虛幻如浪花？浪花滔盡，無影無

痕！

難道真是「天高地迥，宇宙無窮；興盡悲來，盈虛有數」？

此時，窗外風聲如號、雨聲如泣；遙念蘇花道上，如飛而去的生命…。

但感鍵聲起伏，如聲聲嘆息…。

這一週

這一週多以來，我又要回校代課，又要趕著寫六課的「教學綱要」，常常是日以繼夜的伏案；昨晚，女兒邀我共進晚餐，一見之下，第一句話，就是「媽媽瘦了！」是的，我確實耗了很大的心力，在準備未來十幾天在外地的上課。

明天，先把「孔門四科十哲」貼在這裡，這些「綱要」非敢誨人，只是願和大家一起 —— 分享一切的心血點滴。

待我從國外回來，會陸續把其餘五篇，也放進這個園地。文章是「得失寸心知」，我但期千慮一得，真實即可。

終於在今天，完成了六篇詩文的賞析；雖然，我累到連呼吸都感疼痛，仍高興做了一件事，但盼勿負人所託。

寫作是為什麼呢？千里迢迢去上課是為什麼呢？

我心裡非常清楚、我對人生的空幻也有過很痛的感受；寫什麼做什麼，沒有企求、沒有目的；也許能說，那是我「活著」的

方式之一，當我對悠悠天地，傷感不自抑時，我願意知道自己心仍熱、筆猶溫，它們，稍稍告慰了我。

傍晚，天邊烏雲密布，夕陽時隱時現，觀音山一半在雲中；我雖然需要休息，仍奔向碼頭，沒有力氣的我好想在棧道上起舞。感謝老天，當我喘著靠在堤邊時，遠近的夕陽和海水竟別有一種溫柔…。

怎麼改變自我呢？

最近，新聞常報導某藝人的「家事」，我想寫幾句話，但非評論。

我好想念馬來西亞之行中，這隻跟著我轉的小狗

這個事件，雙方都「受傷」頗重〈也包括這個社會、兩代之間、世道人心〉，當事者沒有一個人可以「全身而退」，旁觀者也不免惻惻心痛吧！

我想起《莊子》〈庖丁解牛〉一文，那「以無厚入有間，恢恢乎游刃有餘」的方法，是否可重新提醒世人？

這寓言故事告訴我們：人間萬事萬物的法則，只在「依乎天理，因其固然」，而後有契機、有轉機、有生機；若一意在自我的思維或意氣中打轉，必然更感艱苦！

世事確實有料想不及的、錯綜複雜的情況；我們的成長，幾乎跟不上那個速度；我們被動又被迫的，要承受許多沒準備好的巨大問題；我們既無法理解也無法處理，事情猝然生變，所帶來

的不安、焦慮與憤怒;我們想抗議、想反擊,相互攻其要害,情緒滔天下,一切恩義俱絕!這是人倫的悲哀,也是生命的至痛!

若以〈庖丁解牛〉中所說:以「無厚」之心〈不帶自我主觀、成見、希冀、依恃〉出發,或許,可從人生的變化中,悟得自處、自救之道,脫身、超越之法;或可放平自己的心、鬆開自己的手,長吁一氣,悠然歸去 —— 不在恩怨糾結的現場中廝纏 —— 先療癒自心、再安頓此身!人生不能計較付出多少、獲得多少;當下只能內觀:我的人生是怎麼了?如何到此一步?接下來要怎麼走?

〈庖丁解牛〉文中,竟然把個血腥的解牛歷程,表現得「合乎桑林之舞,乃中經首之會」〈如歌似舞的曼妙〉;庖丁手中之刃,解牛十九年,猶如「新發於硎」;牛體是如此難解〈牛體乃喻複雜的世間、人事、人心…〉,庖丁卻能不疾不徐、不慌不忙的「解」開了那龐雜的牛體。

這個寓言在說什麼?說得乃「養身之道」「處世之法」「生命之理」。我們當如何體察艱難、如何順乎自然、如何培養洞察的智慧和承應的勇氣?

這就是活著的歷程,人生的功課,非徹悟「萬事不由我宰」,非透視箇中詭譎,才能「避大軱」,在「間隙」的小小餘地中,拓展無限的空間,這個空間,是指除去「我執」、除去「嗔怒的心」、除去導致一錯再錯的驕恣!

莊子告訴我們,在牛體的「筋骨交錯聚結」處,必須「動刀甚微」!這一個「微」字,寓意何等深刻!復何等啟發!

莊子不是教我們逃避,他提醒我們的是超脫。以智慧超脫、以胸襟超脫、以成熟超脫、以悲憫超脫。一念之轉,苦海超升;揮我兩行淚,還我清淨心!

如果,我們不能覺察自我痛苦的根源,也無法感受他人的心

情或環境的變遷，我們即無法處理問題，問題成為與生命俱存的陰影，遮住我們的心靈；當我們在一片幽暗中看人看事，如同在一片漆黑的甬道中奔跑，會有什麼遭遇呢？

忿怒的烈燄、意氣的波濤中，最先被傷的，會是誰呢？

是否我們的人生中，最重要的、也最究竟的，是面對自我。

是否我們的生命中，大部份的苦惱，來自心中的「意、必、固、我」或「貪、瞋、癡、慢」！是這八個「心賊」「心魔」，時時處處樹起高牆，阻隔了別人，也禁錮了自己；自苦苦人、自傷傷人，何有已時？

看著新聞報導，我心潮起伏，打開電腦，敲打之間，非從道德角度上思考，乃從人倫人性中感知；其實，親子之間的慈孝，非絕對道德的實踐，十足是自我人性的流露。

我們也許什麼都可失落，惟那人性種子，即使備受摧殘，也要護持它一點晶瑩、一絲柔軟！

一息之存，人人都可能是「涸轍之鮒」〈莊子語，指落難的生命〉，若人人都在境遇橫逆中「忿然作色」，會是什麼結局呢？

我非評論此事，乃因之思及我們生命中重要的問題——如何憬然有悟是自己的問題呢？怎麼先克服自己、改變自己呢？

回　味

新疆八月的喀納斯湖

我們住的小木屋

塔克拉瑪干大沙漠我們走了半小時即折回

火焰山時攝氏45度高溫

魔鬼城我一邊走一邊想著冰西瓜

是真是幻其實在新疆很多小城常見

驚鴻一瞥為之神馳

中巴邊界

新疆無花果

一瞥難忘的花容

　　剛才，在一個電視節目中，來賓談到新疆喀納斯湖 24 公里長的湖泊，有一半面積已經結冰。

　　縮在沙發中的我，馬上起身，尋找我的相簿，尋找記憶中的喀納斯湖。

　　那是準備退休前，遠行南北疆。先到阿爾泰山，再往天山、崑崙山…。

　　中間行車穿越塔克拉瑪干大沙漠時，曾試著下車體驗沙漠行旅的艱苦。難忘烈日狂風中，汗水如泥，遍佈全身…。

　　我找了幾張最愛的樹，選了幾張喜歡的照片；胡楊木前我曾

致最敬禮；也曾回首再三，不捨路邊花果那獨特的風姿；更情不自禁在帕米爾高原雪花紛飛中熱淚奔流，忘情地在山坡上起舞。

在這寒流籠罩的淡海夜晚，我看著一張張的照片…。果然——辛苦過去，美會留下。

重溫的感覺，竟真使我暖和起來；即使，人生似「雪泥鴻爪」，惟片片回憶，可慰此生。

寒來暑往，那清麗絕倫的喀納斯湖，結冰時會是怎番面貌呢？

那火焰山、交河故城、高昌故城、乃至多少歷史文化宗教的遺址…，此刻是否正承受著風雪嚴峻的雕刻？

近月的行程中，我所經歷的酷熱、嚴寒…，竟在數年後，這個淒風苦雨的冬夜，讓我暖暖的、眷眷的回味…。

我看「不老騎士」

「生、老、病、死」，一直是我關切的題材，我以為：惟此乃「人生大事」。

之前，我即已注意到這則廣告，畫面上那幾位平均 81 歲的長者，相約騎機車環島圓夢。在海邊，他們笑得皺紋滿臉，白髮飄

揚，玩得如同赤子。

昨天，兒子寄來了「不老騎士」的片段，短短的介紹，悠悠的餘味。這部以真實故事延伸的影片，箇中蘊含

了非常豐富的訊息。

　　且先看一遍廣告內文：

　　人，為什麼活著？

　　為了思念、為了活下去、為了活得長、還是為了離開？

　　改編的廣告中提出的是：

　　人，為什麼活著？

　　為健康、為愛情、為財富…？

　　去找答案、去證答案吧！

　　故事裡，他們下定決心，不限耄耋之年、帶病之身，在半年的準備後，開始行動，從北到南、從夜到日，騎了1139公里，以13天完成環台之夢。

　　他們──

　　不只是讓別人知道「老而有用」！

　　不只是證明生命活力不限！

　　不只是拒絕退居一隅，自艾自憐，無語向晚天！

　　不只是遠離發呆、打盹、細數當年的日子！

　　不只是逃掉時不我與、孤苦無依的哀怨！

　　雖然，這是存在的困境，外境相逼、內境灰暗，促使生命逐步退卻…。

　　老去的心會猶疑著：我還能做什麼？還敢有心願、有夢想嗎？

　　我只能沒有自主權、沒有體力、沒有心力、被動又無奈的捱受著漸漸的衰退嗎？

　　老境確有其艱難！所以，這是人生大事！這部影片喚起了我們、老年人、社會大眾，認真看待「老」這樁大事、這樁人人都將面臨的大事。

　　有一集裡，那位八十歲的長者，在妻墳前傾訴：「我記得承

諾，當我八十歲時若沒有死，一定載妳去環島。」他在摩托車前放著妻子的照片，完成了自己和亡妻的心願。

　　我不想略掉這位伯伯再娶的一節，它毫不減低諾言的力量；年長者更需要照料、溫暖和精神寄託；影片中，摩托車後座的新婦，說到「他聽我唱歌，就哭起來。」這和伯伯稱亡妻「懶得呼吸」一樣，令我為之肅然！為這兩位「鄉下人」原始的生命情姿之美而動容！

　　是的，再想一遍：

　　人，為什麼而活？

　　你，還有什麼夢想？

　　可以擁有自己想要的人生嗎？

　　我們都會老去，一天一天地變換了體貌；我們也會感慨「浮生若夢」「世事如幻」…。

　　曾幾何時，我們愈來愈不敢作夢，多少階段，我們也可能成了逃兵！不敢前、不敢退、不敢試、不敢變！任令造化之手播弄著驚弓之鳥的生命、任令生命能量默默流失！

　　人生，不是「終身學習」嗎？我們要檢視：

　　生命怎能徒留回憶？

　　生命怎能空自遺憾？

　　造化無測，是事實；但我們的心呢？是否曾認真地聽過自己的心跳？

　　如何以跋涉千萬里的智慧重整生命呢？

　　也許，不怕失去，即無所畏懼！

　　也許，不怕冷清，即無所惆悵！

　　也許，更清楚了一場一場追尋、一場一場夢憶！

　　也許，而今確乎步履跟蹌、心力短絀！

但是，誰能禁止生命的夢想？

人生因夢想而盡致！生命因夢想而生動！

生命翻過千山萬水，更能率性而爲吧！「天命之謂性，率性之謂道」，生命歷程都是活水源頭吧！或可笑納萬千、不卑不亢吧！且依本心、循性情行事吧！

老年之真，是萬般褪盡，但留真淳，何等煦煦！

老年之美，是機鋒斂藏，大巧若拙，何等曖曖！

老年之慈，是了知人生，不競不怒，何等灑灑！

「追夢而活」，那是命脈！生命因此永無止境的開展！砌築、鑄造的過程，多麼告慰自己。

當我們老去時，當不要牽掛是否仍被愛、被需要；我們要在每一天裡「再活一次」、每一天裡「作一個小小的夢」、每一天裡「體證生命的滋味」！這般豐富的人生啊，何悔何怨？

此情無解

這人世的情緣怎麼解？

我爲母後，常感父母之於子女，有不解於心的千絲萬縷；即使子女成年，雙親眉間心上，猶有不自禁的百轉千迴。

子女之於父母呢？離巢之後，飛向偌大世界，何遑回首？即令親子點滴上心頭，也是瞬間的漣漪吧！

父母思子女，如大江之水，源源不盡…。

子女念父母，如輕風拂過，片刻無影…。

現代父母，何嘗責求承歡、希冀奉養？

現代父母，但望子女平安、子女快樂！

這人世的情緣怎麼解？

物換星移，時間大剌剌地帶走了青春容顏，又一併也帶走了

什麼？

春去秋來的改變中，父母固然欣喜於子女的茁壯，但更要費神接受子女「舉翅」等等的事實。

不能留也留不住，是親子共同的掙扎！

漸行漸遠、不及不即…，是父母的功課，也是必須的自覺！

不能想「情何以堪」，只能想「此乃必然」！

愛他、成全他、祝福他！是父母無時不刻的自我提醒。

忘了回家、忘了打電話、忘了 —— 父母現在如何？孩子們的抱歉也如一陣風。

這人世的情緣怎麼解？

相形於振振有辭的子女，是逐漸沉默的父母；被動的接受更多的轉換，並重新認知自己的位置。

原來，要再學一遍自立、自處的，是父母。

原來，要懂得體恤、不為負擔的，是父母。

原來，父母的天職是終身的，一息之存，永為後盾；誠惶誠恐，常思己過…。

鬱結中懷的父母，無語向晚天！

這人世的情緣怎麼解？

是的，親情永恆。親子至情。永遠切不了、割不斷；永遠在彼此的血液中流著。午夜夢迴時，念父、念母、念子、念女，甜蜜、苦澀…千絲萬縷交纏…。

人之生也此情無解。

〈近來，見父因病受苦，我自省爲女有愧；也看到周遭親子間，多有難以平衡之境；惆悵莫名，不知所云…。〉

堅　強

在捷運車上，我總是易陷入一個自己的世界。人多時，我神遊；人少時，我冥想。有時，只是凝望窗外；有時，則忍不住想找出紙來，信筆塗寫兩句。

今天，我突然想起這兩句話：「我們活在這如履薄冰的世界，沒有誰是真正堅強的！」

早已不記得是在那裡看到的，此時，它卻清晰的浮起來。

什麼是堅強呢？這是一個大家都熟悉的詞彙。

我能確定的是：堅強，不等同好強、逞強、頑強；堅強，不只是挺得起、站得住、耐得過；堅強，更不是麻痺、冷漠、剛愎、專斷的同義詞。

如履薄冰的世界，則是不牢靠、危機四伏的世界；是一個變遷的、猝不及防的世界；或是一個撩亂的、難辨真幻的世界。

我們有穿透的目力、洞察的心智嗎？我們能回頭轉腦、先安頓自我嗎？

我們可能因驕縱、因任性、因 —— 不夠堅強，而連番失措、失據、失路…。

如何才能不致墜入，及時憬悟自救呢？

也許，就允許自己在此時是一個「弱者」吧！終究領受了人生的厲害！

也許，就承認自己在此時是一個「敗者」吧！接受老天爺的一番教訓！

我們必須學習「自己的世界已經變了樣」！認清「夢想破滅、心願難償、失落相續」的事實！

靜定、順應、潛退、調和；回歸自我、重拾純真、接受現狀…，或許才真正走上堅強之路。

「我自覺察、我自寬柔、我自消解、我自承當」，柔韌與彈性，會靈動地開展內外境的空間吧。

「我們活在這如履薄冰的世界，沒有誰是真正堅強的！」再思一遍，驀有所悟…。

何辭路遠　天涯此時

《幽夢影》書中有一言：「遊玩山水亦復有緣，苟機緣未至，則雖近在數十里之內，亦無暇到也。」

去夏決定排除牽絆，前往西伯利亞作近月之旅，大豁心胸；秋來應邀赴馬來西亞作國文教學觀摩，課後暢遊大馬，亦開眼界。

人說：「一飲一啄，，莫非前定。」足跡所至，確有不可思議的因緣。

之前赴南非，躺在好望角前巨岩上，四望分不出是海是天；身旁碩大岩鼠竄來竄去；也曾在野生世界中暑，醒來赫然鴕鳥在側相望…。可惜刻骨銘心的履痕，未留隻字片影；惟回首思之，心湖漣漪不絕。

退休前遠赴北歐，在挪威峽灣，佳景如醴，我不飲自醉，醺然甲板上，不知今世何世！尤難忘那地球最北端的「北角大廳」〈乃巨大的岩石平台〉，這一刻尚見午夜陽光燦爛，不旋踵則天風海雨突襲；天地變色，只在須臾。曾獨步悠悠邊域，前後茫茫，古今同感。

那年南北疆之旅，如何能忘喀納斯湖的絕色，賽里木湖的幽秘，天山草原的廣袤，塔克拉瑪干沙漠的不盡…。

尤其，站在帕米爾高原中巴邊界的碑旁，四千八百公尺的山嶺上，舉目一片白色大地；我知高山之巔不宜激動，但

　　想近月跋涉，以羸弱之軀，受酷暑嚴寒，箇中多少體證，
竟如眼前雪花！剎時飆淚，何可禁之！

　　是的，我在歸途的蔥嶺中、雨雪裡，仰天俯地，伸臂禮拜。

　　敬向生命！敬向天地！

萬里行，萬里情

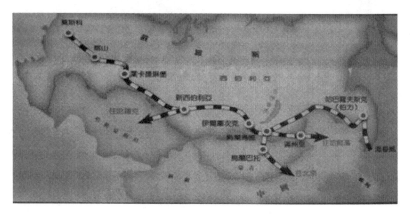

　　七月九日，我參加了西伯利亞鐵路之旅；這條橫跨歐亞大陸
的鐵路，起迄於莫斯科與海參崴。

　　二十一天的行程，在火車上的時間，將近一百五十個小時；
時值溽暑，兼全球氣溫異常，西伯利亞地區炙熱難耐，甘苦如何，
點滴心頭。

　　這條世上最長的鐵路，在夏季的燦爛前後，有地球上最苦寒、
最荒涼的地區。當年，不分寒暑，在此鋪了 9288 公里的鐵路，當
然是人心、人力的輝煌成就。

　　締造這個記錄的人，絕大部份是當代的苦役、囚犯和逐客，他
們被迫離鄉，「冰凍」生命所有的一切，在此進行人類史上的創舉。

　　我無法想像在零下 40 度中如何生存？但，此行已足以讓我領

受在攝氏 40 度的高溫裡是什麼滋味？

雖是如此，我凝視、我發現：

它是迴盪不已的史詩

它有最多的無名英雄

它有最無依無告的靈魂

在此築造了與天地並存的氣魄。

我試著零星提筆，為此行紀實。我非寫遊記，不是報導，也不擬引用任何文獻資料；願在一鱗半爪的捕捉中，活絡一點自我的心靈—人生或可在勇敢踏出後而得開拓。

登高山復有高山，出瀛海更有瀛海；若不自囿自縛，必能相應無盡的、天外有天的世界吧。

旅途常常超乎想像。

雖知七月的西伯利亞，不屬流放與荒涼，不屬貧瘠與苦難；但那滿山滿谷、密密實實的「綠」，還是嚇了我一跳！

怎麼每一種植物、每一樣生物，都競相趕在此際，從每一寸土地中甦活、躍動了起來！西伯利亞的原始野性，絲毫不讓豔陽，且更逼人 —— 非要人喘不過氣來的望著它、望著它！

是的，凝定心神時，發現西伯利亞的吸引力，不是只在它的廣袤、遼闊…，魅惑人的，是它有挖掘不盡的奧秘。

小鎮風情

蘇茲達里市，其實是我此行的最後一站。我卻首先在此分享，可見萬里行中，最鍾於此。

我偏喜平和的感覺，想前年退休，蟄居漁人碼頭，同樣是心動沙崙尚有的小鎮風味。

蘇茲達里位於莫斯科近郊，是金環七座古城之一。城中建築

不得超過二層，放眼望去，毫無障礙。房舍、小河、教堂、修道院…，歷歷可數，但感一眼一景致、一步一古蹟，藝術與自然的氣息立刻安撫了長途的疲憊，心情竟驀然溫柔了起來…。

車子一到酒店，我即帶著相機出來，隔天一大早，我也欣欣出門，留下了這短暫一天的黃昏與晨曦，以及在它們襯託下的獨有情韻。

我不問如何去拍下令我怦然的景致，只知不斷按下快門，如同按住我的心跳。

願我親我友與我一起，就是靜靜地看……。

西伯利亞的鮮花

道：俄羅斯有很多英雄城市，市內舉目是一座座英雄紀念碑；也看到足跡所至，有數不完的雕像。它們，體現著俄羅斯的歷史。

只是，今天，我回味一些歷程時，竟想念萬里路中那些不期而遇的鮮花。

有一本小說，作者在其中寫著：「我要飛，飛往一個開滿鮮花的地方。」小說的背景，有一面是：人性是如何在狹隘、偏見甚或扭曲、齷齪的心思中被凌遲。

我無意尋覓，全然未料在一路炎熱中，導遊絮絮於俄羅斯的政治、經濟…等變遷，我只覺益形昏然；富麗輝煌的教堂閃得我張不開眼；烈士像前不滅的火，凜然讓我怯步；浴血的斷頭台和十字架令我心顫……。

在回不過神之際，驟然出現在眼前的鮮花，頓時穩住我踉蹌的腳步…。

史實如夢，紅塵若煙，都不敵這些娉婷的弱質；在掀天蓋地的人類互殘中，如煙似夢的「奮鬥」，多寄託於石柱與木架中；鮮花仍燦爛淋漓於當下。

鮮花置碑前、鮮花飾教堂、鮮花捧在一對對新人手中、鮮花裡儲放著多少心願和夢想…。

英雄的叱吒已遠，鮮花的陪伴常在。

於是，芳顏乍睹之下，我如得一口甘泉；留下這路邊、園中、

水湄、山坡…，不言不喊、不求不待、不絕不滅…，見證一切、默然相慰的花心花魂。

　　那就不必形容鮮花的天香國色吧；容它幽居自賞、容它狂恣盛放；相應那種天然吧！是的，天然、一派天然！

貝加爾湖

　　到達貝加爾湖，已是旅行的第九天了，換言之，我想放掉「程序」「規則」…，隨心隨筆。

　　且讓海參崴、哈巴、烏蘭烏德…跳過去；美麗的伊爾庫次克佔住了眼前，安加拉河、貝加爾湖開始清清楚楚地在腦海中擴大、擴大…。

　　我彷彿又回到那一個面積幾乎和台灣一樣大的湖上、回到那輛環湖遊覽的列車上，並在沿途幾次的停靠中，走向它、撫觸它…。

　　車窗內，我深深凝視；車窗外，是不可思議：不只是雲彩變幻、湖山交錯；不只是野花蔓生、村落點綴；豔陽之下，無一景一物不閃閃生光，那內蘊的、近乎爆發的生力，遠遠近近活躍；

甚至破窗直擊—我乍驚還疑：
這是什麼地方、什麼地方？

　　貝加爾湖，素稱「西伯利
亞的明眸」，它最能見證西伯
利亞的絕色和沉哀吧。

　　然則，我要記什麼呢？我
想的，不在它的記錄；不在它
是世上最古老、最乾淨、最深
的湖泊；不在它是容積最大的
淡水湖；不在地質學已證明它
從未與海相通，但湖中卻遍生
海中生物…；讓我神馳的，也
不是它的一些歷史故事、神秘傳說；我想像的是：老天是否以這
清亮的明眸，補償曾經在此受難受苦的生靈！

　　在漫漫嚴冬覆蓋森林、覆蓋大地、覆蓋一切的希望時，湛藍
湖水的記憶，是復甦的源頭，它喚醒並滋養人們一絲一絲的生機吧。

　　站在湖畔的我，以膜拜的心情俯首—向無止無盡的森林和無
垠無際的湖水…。

杜蘭朵咖啡

　　我其實是一個最不講究
「美食」的人，我的美食哲
學是「無食物不美」。平素，
煮一碗薏仁湯或地瓜粥，就
讚嘆個不停；喜歡優格，把
它灌下去，也幸福到不行，

很少為美食而美食。

當年去新疆幾乎從北到南啃饢餅,也嘖嘖稱其原味之香;這一路的「黑麵包」,沒糖沒奶油的吃得我上了癮。

到了莫斯科,行程安排了一次奢華的用餐——去 2005 年 12 月開幕的杜蘭朵餐廳。據說這是巨商權貴最垂青的地方、據說這是莫斯科餐廳最豪奢的經典代表。

有意思的是:它不講門面,外表非常平實,進屋之後,驀然一亮。聽說晚餐比我們吃的午餐要再貴一倍、聽說它花費 15 億台幣打造;聽說華燈初上,門前是一輛接一輛的法拉利、保時捷、藍寶吉尼…等車,衣香鬢影,盛況可想。

坐進精緻典雅的椅子,我未想唯心、唯物的問題、未想貧富差等的問題、未想社會階級的問題、未想一路見到多少街道上的流浪漢,可導遊強調全世界十億美元的富豪,莫斯科人數最多…。

我還是一如平常,靜靜地看、靜靜地欣賞、靜靜地啜著咖啡、靜靜地感受氛圍…。

用餐歸去,這也是此行記憶之一;我想較難忘的是:那些着宮廷服飾、動作優雅、訓練有素的服務人員,他們個個挺拔出眾又清秀可愛,賞心悅目也包括他們吧。

美,無分國界、無分種族、無分文化;心,沒有藩籬、沒有設限、沒有成見;機緣所至,隨遇欣然。透過「差異」,看到更多令人怦然的美,真是享受中的享受。

神秘的葉卡捷琳堡

這是西伯利亞烏拉山旁一個美麗的都市,也有一個美麗的名字—葉卡捷琳堡。這座城市建於 1723 年,一直鮮少與外界聯結,1991 年,蘇聯瓦解之後,才開始對外國人開放。

到達葉卡捷琳堡

據說是經國先生當年工作處

尼古拉二世紀念教堂

十字架處當年集中營遺址

歐亞分界紀念碑

〈葉卡捷琳堡美術館作品〉
神啊！我願全部交託！
歲月中又有多少滄桑的重量？
肉體能背負多少歲月的重量？

上下圖：歐洲

左圖：亞洲

坦白說，即使整天馬不停蹄的行程，即使參觀了它的市容、美術館、教堂…，即使當天藍天如洗、白雲剔亮；它，仍是神秘的。

匆匆來去的我們，對其自然風光與文化歷史，不僅難窺全豹，即令一斑，也有霧中之感。

在炎熱不堪的氣候下，登上歐亞分界的紀念碑，終於激起了我們活力。這座用暗紅色花崗岩砌成的石碑，正中以青灰色石磚分成兩半；當我們一腳踏在歐洲，一腳踏在亞洲，站在分界線上，有一種「旅行」的滿足，彷彿來自遙遠、去至遙遠，如實如虛…。

隨後，在尼古拉二世紀念教堂，我稍事躑躅，即步出教堂，望著一邊的木製小教堂、一個十字架、以及另一邊尼古拉二世被革命黨人處決之地…；但感人類的歷史，充滿了千古如謎的變化，甚至個人的際遇：前進、後退、衝決、絕望…也撲朔迷離；可考的數據資料、背景發展，或有「表象」之誤，任何生命深層的演變，記錄不能盡其全。「本事」難悉，史事如煙，古今一大夢！

生命有多少能為自己表白或申辯的機會呢？即令「平反」，也是一齣徒然唏噓的劇本吧。

我們也來到了據說是經國先生工作的工廠前，不得其門而入，只得拍照大門留念。

車行途中，一瞥路邊矗立的十字架，導遊輕描淡寫的說：十字架處，是當年集中營遺址，有無以數計的生命在此被集體屠殺，這隻小小的十字架立在現場，在向世人訴說什麼呢？

回味新西伯利亞市

「你們住在天堂〈指台灣〉，有海風。」新西伯利亞市的導遊，不時擦著汗，不時穿插著這句話。

新西伯利亞市市標

火車站裡買的最新鮮的松子

科學城內，科學家的「宿舍」前

歌舞劇院前

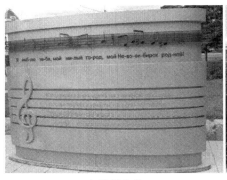

音樂劇院前

鄂畢河前後鐵橋

西伯利亞鐵路的歷代火車頭

感覺他詞色由衷。雖然，他並未體驗台北盆地在溽暑中也是如何的難耐。

這個城市，我們停留的時間最少，但卻頗令我回味。

且把焦點對準當地的「科學城」，它似乎隱藏在無邊的樹林中。我們只是隨車繞了一周、只是暫停了兩次，一次在開創者的雕像前下車，以示敬意；一次在科學家們的住宅區略停，讓我們感受：他們是如何在自然、清幽環境中，發揮「金頭腦」，締造新記錄。

這是一個一年有八個月，會至攝氏零下近40度的地方，如同一個被冰雪密封的世界；但短暫夏天的高溫也躲無可躲。它，能發展出什麼面貌？

兩百年前的這裡，還是大片大片的原始森林；現在，除了這座俄羅斯的「矽谷」，它有全國首屈一指的大學，有十步之內，舉目可睹的歌劇院、舞劇院、音樂劇院、博物館、圖書館、教堂…等，城市的另一種光芒，不停的在眼前閃爍。

即使匆匆而過，仍可以感受很多巧妙調諧、平衡的東西…；甚至那跨越鄂畢河的前後鐵橋、那些在西伯利亞鐵路上功成身退的歷代火車頭…。都令人感到似有「生命」在延續，也似歷史畫卷般，栩栩在眼前展開。

這是一種什麼生命力呢？是看文物時，對前人心生感激？還是憬然對此生，有所深思覺察？

不過，現在，我印象最深的，還是那位當地導遊，一些口邊

溜出的話：「你們〈指華人〉的歷史，能幫助你們解決很多的問題；五千年啊！可以提供的智慧有多少？」

　　我們個人的生命歷程呢？能幫助我們面對此時此刻多少問題呢？

瀏覽徒步街

在西伯利亞旅行中，各地的徒步街，最令我流連。

有時，我會起個大早，清晨的徒步街四散著夜來的痕跡，美麗的街道上遍放著還不及收拾的啤酒瓶、有流浪漢彎身喝著噴泉池裡的水、或整條街空無一人，只有鴿子飛上飛下，啄著地上的殘食；我隨意走著，偶遇當地民眾，請為我拍照留念，沒有被拒的記錄。

我相信真誠善意的微笑，可以消除隔閡與界限。21 天，我即以「靜定的微笑」面對生病、炎熱、勞累……或任何旅行中意想不到的困擾。

歲月，教我接受一切存在的可能—文明與僵滯、溫暖與陰暗、剛愎與圓融、開展與狹隘、豁達與自限…。我但看天寬地濶的宇宙，不思人性渣滓的纏結；我但望可愛可賞的一切，願它匯入生命之泉；我但尋一點靈明，安享當下的可貴；我們一呼一吸，只是「寓形」其內…；生命中每一個偶然的駐足，就足以欣欣然了。

當我坐下來休息一下，試以微笑調息疲倦或些些起伏，我的腦中是沒有任何評論意見的…。

海參崴采風

海參威火車站一景

西伯利亞鐵路遠東起點

烏蘇里灣

曾引起中俄紛爭的沙洲

參觀軍事博物館

參觀古董汽車博物館

參觀勝利廣場戰士紀念碑

困在動物園裡的西伯利亞熊

西伯利亞虎

西伯利亞鷹

此處展示鄂霍次克海沿岸的風土人情

參觀溥儀當年居地

非禮勿視勿聽勿言

　　當我一下飛機,海參崴對我,就不再只是一個地理名詞、歷史名字;是什麼情懷陡生?我竟有萬里訪友,說不出的歡喜、忐忑交集…。

　　也許,不要去想它的俄文名字:「符拉笛沃斯托克」,這個意思是「征服東方」。

　　也許,不要去想:建於 1911 年,漂亮的海參崴火車站,這個西伯利亞鐵路遠東地區的起點,是在清朝被割讓…。

　　也許,只看金角灣蔚藍的海水、烏蘇里灣變幻的雲霧;不要聯想它們十足天然形成的戰略地位和歷史風雲…。

　　旅遊,紀實即可。何必追思:往事如不如煙?

　　采風錄,自然是一鱗半爪。匆匆過客,何可置喙?

　　現在,檢視我的筆記本,果真上面只記了一句:「我到了少年時即熟知的名字 —— 海參崴。」

莫斯科地鐵剪影

來，我們一塊去找地鐵。

只是局部，而且短暫，但是，絕對有不同的氛圍；讓我們虛心的去領受，是否有些什麼，讓它流向我們心中。

那是文藝裡的人文氣息。

唯有人文，可以「大」而「化」之我們的生命。

它開啓生命的靈明。

這個「靈明」，由一點感覺、一點感動、一點感悟而逐漸清晰。

即使生存的環境貧瘠、即使生活的品質粗糙、即使生命的困頓不斷…。

來自文藝中人性的呼喚、生命的訊息…；帶來滋養、帶來光熱；我們就沒有什麼可以過慮；信心和熱望的種子，會悄悄地發芽；生動的情思和活力，會靜靜地復甦；重建和創造的能力，會默默地發揮。

美的氣息、文藝的感染、心靈的感應…；這一股流動的力量，幫我們找到—衣食奔波之餘，「活著」意義的安慰、生命尊嚴的體現。

嫵媚的烏蘭烏德

在我回憶西伯利亞之旅中，烏蘭烏德，始終閃亮著。

這個既迷你又現代化的城市，由素有「馬背上的英雄」之譽的哈薩克人所建，他們以民族姿彩融入俄羅斯風格。現在，它是布里亞特共和國的首都。

當然，最吸引人的，是整座城市在大森林的襯底下運作，特殊的自然景觀和文化特色，形成一幅有濃郁人文氣息的天然畫作。

短暫的停留期間，我們走過列寧大道、中央廣場、走過此地

烏蘭烏德的羊肉湯和最具特色的烙餅

烏蘭烏德的凱旋門　　　　　　　看看這樣的眼神！我想起一句話：
　　　　　　　　　　　　　　　　「他的雙眼，讀過生命之書。」

烏蘭烏德的自由女神像

的凱旋門、自由女神像…；走路，本身就是閱讀，一步一步間，閱讀的更深刻；也品嚐了當地風味餐；但，此刻，在我腦中縈迴的，是烏蘭烏德青年活動中心裡的那些作品 —— 我看到親情、幸福；看到憂傷、等待；也看到吶喊、無告…！生命面向透過藝術展現，一樣力道十足！

烏蘭烏德的風情，很多就舞動在民宅的門窗上，或彩繪或雕飾，或繽紛或樸素；若見傳統的乳汁繼續哺養著現代的人心。

在此地，有東西方文化的相融；在此地，有宗教信仰的實踐——在東正教的廣大版圖中，民眾亦多信仰喇嘛教，這裡也成為俄羅斯的佛教中心。

不同信仰而能相安共存，這是信仰的真力量。

翻開烏蘭烏德，這是一個豪邁中卻另有嫵媚、別繫人心的地方。

生存的力量

為什麼去西伯利亞？

在我曾讀過的一些小說中，把西伯利亞描寫成一個極端無情的大地，強調它是一個令人絕望，在森林中、在凍土中、在飢餓中，逃不出去的地方！

　　也曾看過這段記載：科學家、工程師、苦役…，聯手締造記錄，打破重重山巒的阻隔，將 9288 公里連結成一個動脈，讓這個民族的血液得以暢通、澎湃，也因此改變了西伯利亞的面貌。

　　戰爭，曾經使這個國家遍處血流成渠…；現在，每一座城市，幾乎十里一教堂、五里一雕像；那一個又一個的紀念碑意義何在？那一座又一座的教堂又意味什麼？這裡

有令人動容的宗教信仰，但也流露著無數生靈哀哀無告的心靈。

　　人，是如此渴求救贖，又不免自取束縛；人，多麼渴望相容，卻又輕易分裂！人，對自我生命的歷程了解多少呢？對自我的思慮云為能管制多少呢？

　　我這個遠行客，坐在西伯利亞奔馳的火車廂裡，或站在車廂間，遠遠近近地凝望：二零一零年的時代，此地沒有戰亂、貧瘠、鐵絲網…；盛夏的西伯利亞天空，藍得純純淨淨；我想像著在歷史那一頁的黑暗中，這溫暖開潤的藍天綠地，應是人民生存的力量之一吧。

　　自然、自然的力量、自然的演變和風光…，會帶來意想不到的契機和希望吧。

　　歷史的苦痛漸漸遙遠，這片草原的世界，已等同夢想的實現。處處芳草萋萋、嫣紅燦爛；處處森林如海，風起濤湧；我赫然感知西伯利亞的力量，在它的順應天地，並如天地般的承載與包容。

　　靠在車窗旁的我，想起這一段話：「1849 年聖誕日，俄國作家杜思妥也夫斯基，從聖彼得堡出發，開始長途跋涉，前往西伯利亞；其後四年，他就待在那裡的一個勞工營裡…。他發現自己有一種內在的力量，使他比預期更能忍受一切…。」

　　杜斯妥也夫斯基內在的力量是什麼？

　　內在的力量，即是一個自然的力量，不為任何外境所劫奪的力量；當這個力量和廣大、深邃的西伯利亞結合時，因此超越苦難、超越絕望—在最嚴峻的土地上依然種植著新生的種子！

　　這是生命中最可敬畏的特質—在最可怕的條件下，調和自我與外境而得以生存下來！西伯利亞是、個人的傳奇是！人類的歷史是！

　　我走在異國異鄉，這麼多不熟悉的名字、這麼多沒聽過的城

市、這麼多似夢憶又真實的故事！

　　大多數的時間，我與這無邊無際的草原、森林，默默相對。

　　至少，我確知：七月的西伯利亞，絲毫不孤絕荒涼，它晝夜燃著熱情，傳達著生命無盡的復甦與再生的活力！

　　我亦相傾以一腔赤熱！那就不必去想：為什麼去西伯利亞？

　　朋友寄來說「好玩而已」。嗚~我的知音只是這一對母子~📷

車站裡的少年

　　我照他的時候，是向他示意過的；這位少年斜睨了我一眼，點個頭，燃起一根菸，露出不屬於他的年紀的表情。

　　這是西伯利亞鐵路沿線一個不知名的小站，火車稍事停留，我下車舒活筋骨；此時，我看到他，孤身站著，穿著顯眼；接著，我看到有人留下一些盧布，在他身旁的盤子中。

　　這才留意看似成年的體態，卻是一張年少的面孔。約莫十五分鐘，他的姿勢不變，偶而低頭吸菸、偶而拍拍那隻小狗；來來往往的人從他面前走過，只

有那隻小黑狗繞在他的身旁。

他為何在此？

他站在原地不動，卻又好像不屬於這個世界。

他飄忽的眼神，有著超乎年齡的空洞和漠然。

我無意猜測，也無心索答。卻一時忘了四處走走…。

修士的背影

在炙人的驕陽中，眼前的民眾，正扶老攜幼、人手一瓶的，快步地去裝聖水。

這是西伯利亞之行中，在韃靼共和國首府喀山，一座修道院中的情景。

同時，束著長髮，一身黑袍的修士，緩緩地走過人群。

高溫中，生命的渴求似更加迫切。

修士飄去的身影，形成另一種畫面。

宗教有把重擔交託給神的安慰。

　　眼前湧來湧去的人潮，又是在尋求什麼呢？

　　我追隨著修士的背影：

　　出世的修為，是為了入世的奉獻吧；奉獻的源頭，是基於那一點不忍吧。

　　一點不忍，鑄造了精誠的生命、精誠的生命，足以撐起彌天蓋地的重壓吧。

　　我看著眾生爭相接聖水，感覺既強韌又脆弱、既虔誠又認份……。

　　一口水，是一個療癒；一口水，是一個慰藉；一口水，也是一個交託。

　　這樣的渴盼與信靠，是生存的力量之一吧。

　　優雅的修士，則不疾不徐地，向他的方向走去……。

　　這是喀山。處處令人目眩。

　　喀山街上，觸目是紅磚砌成的古典建築。

　　喀山大學，托爾斯泰曾在此就讀。

　　喀山路旁，不時可見詩人的雕像〈可惜，我不及照到詩人普希金的雕像〉。

　　喀山的「小克里姆林宮」內，有東正教教堂和清真寺在此共存。

　　喀山市中，位於城堡中央的斜塔，有淒美動人的傳說。

　　回憶如潮，最後，浮現的是修士走近、走遠的身影……。

會呼吸的木頭

　　木造建築，何以令人怦然、或情不自禁奔去？

　　它，有家的味道、生命的味道；它有親和力，令人自適、自在。踩在木板上或置身木屋中，若歸自然；真的只想丟下背包，閉眼休憩。

　　以前，只看「木」是大片大片的樹林，有無以數計的種類，是採之不盡的資源…。

　　一趟西伯利亞之旅，大城小鎮，觸目皆「木」。我始發現：「木」是活的，它有生生不息的原質，走近它、撫觸它，它似乎也能體會所有旅人的疲憊…。

彷彿可以感受木造屋的呼吸、彷彿可以看到木雕木作裡的那雙手；它們是最古樸也最精緻的生活良伴、心情寄託和藝術象徵。

記得有一年，踏上北歐丹麥的機場，驚訝發現機場大廳、走道，滿滿鋪設地板；那種剎時的放鬆、無形的撫慰，記憶猶存；怎麼不會愛上這樣的地方呢？是什麼心意 —— 在機場大門即以木道歡迎四方遊子呢？

西伯利亞盛產木材，木造建築以不同樣式展現種族、文化的差異，惟木造材質巧妙融合一切；令人駐足的是許多十八、十九世紀時期的精美木造建築，它們至今猶保持完整，木造的「生命力」超乎想像。尤其難忘在西伯利亞鐵路沿線，一片無際的森林和草原中，偶見交錯的木屋，「天人合一」的生活，令人神往。

在太多機械、金屬、各種合成物質的生活裡，天然的木頭以及它的製品，似乎可以為我們重新找回一些什麼…。至少，我站在木造建築前，深深感受：木材有本性，無論如何變化，它依然充滿原始的溫暖和自然。

芬 芳

這張照片，是西伯利亞之旅中，在海參崴一所大學裡所攝。

這對可愛的年輕人，笑笑鬧鬧，自成宇宙。我為我的闖入，抱以歉意的微笑；退出時，經過同意，拍下這張照片。

我希望留下的，不是一對異地兒女戀戀相望的表情；我想留下，

當下那份美的感覺 ── 人在釋放善意或享受善意的時候，是如此自然動人。

愛，當然是天地間最大的善意。善意有感染力、影響力，它的傳達與接納，「芬芳」了彼此的生命。

是的，當時即感受一股芬芳的氣息；芬芳，來自無染的愛；如一種溫度、一種甜度，如滋養般，讓生命變得更好。

沒有人會否認：這是生命之源、這是生存之泉；人與人心靈的感應和映照，可擴而爲彼此生命的提升和拓展。

此所謂「有你真好」「感謝有你」！

不是把自我價值交給對方，而是經由愛的體驗了解生命的價值，了解人、我、乃至一切會痛會樂會哭會笑的生命，活著的至高價值。

因爲靈府裡遍開著芬芳的花朵！

去愛吧、付出吧、分享吧！

不要問：爲什麼我不能得到更多？

可以問：我有多少欣賞的能力？

只是，尋求幸福時，確實需要一些智慧 ── 不在「成敗得失」中找自我價值的智慧。

〈今天，淡水清晨好冷，我套了一雙很久未穿的鞋子，踩在雨中，竟然裂成碎片。那雙環保鞋啊！讓我糗大了！猜我怎麼辦？我寸步難行哦！還在捷運人潮中呢！看看誰能猜出 ── 我怎麼面對鞋子大開口又碎掉的窘狀？唉呀…〉

邂　逅

馬來之行，上課之餘，檳吉台校和吉隆坡台校曾帶著我們數人，作怡保之旅和雲頂之旅。

好渴哦

烏龜家族

猜我們對望多久？

生命的延續

　　檳城與吉隆坡市區內固不乏驚喜，郊外的山林與高原更有令人目眩神迷的美景。

　　且先容我介紹幾位令我「驚豔」的生命。這，也是邂逅中的「邂逅」，現在想來，那照面一剎，還真怦然一跳呢！

美的召喚

　　看這一片樹林、一片山水、一片綠地，你醉不醉？

　　想不想輕輕地走在其中？靜靜地聽天地之籟；它，或許想提醒我們什麼呢！

以上攝於馬來西亞怡保太平湖

請不要再想世間恩怨，不要再說人間是非；我們只消享受這無言的靜美、無言的機趣；也沉默的去呼應…。

恐怕拍照都是一種打擾，就原諒我的莽撞吧！

恐怕這貪溺的攝取，是爲性靈的滋潤！當紛擾的世事撲蓋而來時，惟有美的安慰，可以容人喘息。

這一片又一片的美，讓我恍惚，卻又感覺真切；美，一直在生命中吧！只有它，彈得動那逐漸蒼老的心弦！

我就醉吧！醉中向歲月索回那股任性！任性投向美、投向呼喚！

平安夜裡，且邀諸君和我一起徜徉；即令一刻之醉，心靈也在片片舒展吧。

馬來剪影〈一〉

此洞多壁畫

能容常笑

聖道無機

願覺字常在心頭

願心田常植嘉禾

此洞多雕塑

片時千古

極樂洞外

前方有幼猴玩耍

馬來剪影〈二〉

檳吉台校前的牛群

這似是在夢中出現的地方

馬來剪影〈三〉

今天不上課，太棒了。

美麗的清真寺

金馬皇宮

米蕉嗎？

美人蕉

吉隆坡夜市中的菠蘿蜜，好吃極了。

這是荳蔻，用途多端。

後　記

　　二十多年前，我在當年中央日報的副刊，寫《晨話》專欄；年輕的我，唯一的憑恃是「豪情壯志」，我心馳於「世界無窮願無盡，海天寥廓立多時」的胸懷，我嚮往著「亦狂亦俠亦溫文，有筆有書有肝膽」的情姿；此外，我是「一無所有」的。

　　十多年前，我爲負笈異國的女兒寫《尺素寸心》，始稍稍感到落實。在現實中旋轉而疲累徬徨時，深夜執筆中的自己，感覺和女兒的對話，是一種「定靜」的過程，隨著書信內容的延伸，我的生命似乎也同時開展。

　　隨後，我把長年的教學體驗，寫成《腳力已盡山更美》一書，同樣也是在課後，清寂的辦公室裡完成的。書中是一篇篇與教育相關的講詞和文章，以及爲高三學生所寫的模擬試題分析和試作。

　　此時，我始確知：我所有的，不只是當年初心、不只是當年嚮往；我爲自己能一路堅持走下來，感到安慰。

　　堅持是什麼？堅持源自信念、信念源自探索、源自實踐。終於，我從「一無所有」的教師（經驗有限或空懷熱情），到可以一步一步的前行、一步一步的反思，一步一步的調整；時間，蓄積了一些真切的心得。

　　於是，我以「俠骨柔情的事業」來看我的工作、我的生命。成敗已無慮，常思常勉 ── 我當成爲一個什麼樣的人？

　　從此，不再惶惑於自我人生的「缺陷」，不再恐懼於人群是

非寵辱的相加，我心念於溫柔敦厚的性情，有走在自己路上的坦然，我的腳步逐漸沉穩。

九十七年的夏天，我自成功高中退休，遷至濱海鄉下，有了潛思自己人生的更多機會，《心痕履影》一書，在一年後出版。隨後自覺退休，不宜過於索居；加以回校代課，陸續接到學生來信，告知「尋我無着」；我即在九十八年暮春，借《心痕履影》的書名，以部落格的方式，寫作以觀自己、以寄親友，延續至今。

去春，出版《閒看花開花落》一書，願「平生一片心」，用證自我生命。

這些年來，我體會到：生命雖有外在的重重約束，內在的精神是可自主的，我們最大的限制是在自己，我們最大的力量也在自己。我也常想：甚麼才是自在的生命呢？如果，我能保持敏銳，也不時覺自己、觀萬物，我的生命就有可能常新不已吧！鮮活的生命情姿，它的力量、它的內涵，是從自己的生命裡湧現出來吧。

這就是本書：《摘一株生命之樹》的核心。我心切於自勵、心切於自拔；初心不在誨人，惟由衷分享於諸君。

書中內容已在前後文中縷述，但望諸君讀此，知我大旨，諒我枝節。最後，附上昨晚回家途中，在捷運上所抒的數筆。

我寫出了什麼？

常在水邊，由浪花看生命，
常在山間，由浮雲看人生。

這本書，非袖手空談。
每一個心思、心情…
來自現實中操作不已的雙手，
來自生活中未曾停歇的腳步。

我寫出了什麼？

不只是記錄或呼告，
不只是悲歌或讚頌。

我切切於表露：用心活就是！

數年前，聖嚴法師的「空裡有哭笑」，
曾令我竟夕反側！

知空識空，難捨眾生，
悲智盈懷，無可言說。

能提筆、願提筆，且以性靈相照。
能分享、願分享，且以熱血相酬。

不敢「請君爲我傾耳聽」…。

但望這一點「所吐的絲」，
能爲諸君增一分力量、多一分暖意。

諸位若能把此書，視爲一位朋友，
偶而相親相晤，足夠我心滿意足了。

　　　　瞿秀蘭二〇一一年五月二十六日於淡水沙崙